T0267842

LAS PAREJAS DISPAREJAS

Juan Antonio Barrera Méndez

LAS PAREJAS DISPAREJAS

EDICIONES OBELISCO

Si este libro le ha interesado y desea que le mantengamos informado
de nuestras publicaciones, escríbanos indicándonos qué temas son
de su interés (Astrología, Autoayuda, Psicología, Artes Marciales,
Naturismo, Espiritualidad, Tradición…) y gustosamente le complaceremos.

Puede consultar nuestro catálogo en www.edicionesobelisco.com

Colección Psicología
<small>LAS PAREJAS DISPAREJAS</small>
J. Antonio Barrera

1.ª edición: febrero de 2022

Corrección: *M.ª Jesús Rodríguez*
Diseño de cubierta: *Enrique Iborra*

© 2022, Juan Antonio Barrera Méndez
(Reservados todos los derechos)
© 2022, Ediciones Obelisco, S. L.
(Reservados los derechos para la presente edición)

Edita: Ediciones Obelisco, S. L.
Collita, 23-25. Pol. Ind. Molí de la Bastida
08191 Rubí - Barcelona - España
Tel. 93 309 85 25
E-mail: info@edicionesobelisco.com

ISBN: 978-84-9111-808-4
Depósito Legal: B-17.256-2021

Impreso en los talleres gráficos de Romanyà/Valls S. A.
Verdaguer, 1 - 08786 Capellades - Barcelona

Printed in Spain

INTRODUCCIÓN

No existe un manual para ser padres, hijos, abuelos, amigos o pareja. La información que encontrarás en estas páginas describe de manera científica, pero de forma sencilla, algunos aspectos relacionados con las relaciones de pareja. Describe también aspectos positivos y negativos para tener un amplio panorama sobre este tema. Éste no es un manual sobre las relaciones de pareja, pero sí una guía sobre algunos aspectos interesantes que te ayudarán a entender y llevar una vida más equilibrada en este apasionante tema.

Al escribir un libro sobre un asunto tan especial como éste, siempre se corre el riesgo de quedarse corto y no abarcar los numerosos aspectos que conforman el universo de las relaciones en pareja. Pero sería imposible tratar en un solo texto la gran cantidad de eventos relacionados con esta cuestión.

Sin sonar reduccionista: **todas las parejas que se llevan bien se parecen y todas las que se llevan mal también.** Y *cada combinación es única o singular, se lleven bien o mal.*

Sin embargo, lo que cambia en cada caso es que **las parejas que se llevan bien, generalmente, tienen la capacidad de activar soluciones distintas para cada una de las situaciones a resolver que les aquejan.** *«Aquí no hay problemas, hay situaciones por resolver». «Hay un acuerdo a veces abierto y a veces intuitivo en que las acciones que hace cada uno de los miembros están enfocadas al crecimiento de ambos, no sólo de* *uno de ellos».* Y tratan de tomar decisiones de manera conjunta. **En conclusión, mantienen una actitud positiva ante la pareja y ante la vida. Asumen cada uno de ellos sus propias responsabilidades cuando cometen algún error.** Si tuviéramos una serie de televisión con parejas y familias funcionales, muy probablemente resultaría aburrida en todos los sentidos, pero en la vida cotidiana son más felices y disfrutan más la vida a pesar de sus momentos adversos.

Por el contrario, **en las parejas que se llevan mal, cualquier detalle puede activar un conflicto.** *En algunas de ellas, el amor apache (amor conflictivo) es lo que les permitirá mantenerse unidos hasta que la muerte les separe.* **En estas parejas, las decisiones se convierten en una lucha de poder en todos los ámbitos: los hijos, los viajes, la vida en común, la familia política, la educación, la economía, el sexo y, prácticamente, afecta a todas las esferas de la vida en común. En conclusión, mantienen una actitud negativa, catastrófica y centrada en el conflicto; ante la vida y ante la pareja.** *Vienen arrastrando ciclos emocionales sin resolver como personas y como parejas desde el inicio de la relación. No se cansan de culpar a la pareja de sus males; propios y ajenos.* ¡Difícilmente activan la inteligencia emocional! Hay quienes buscan en su elección: «la persona ideal y perfecta, para que no se comprometa para la vida en pareja». ¿Curioso? No, es una conducta inconsciente y les funciona.

El presente libro abarca ambos aspectos: las parejas que se llevan bien y las que se llevan mal. *Las que se llevan bien, al leerlo y revisarlo, seguramente les irá mejor, pues seguirán viendo posibilidades de crecimiento y prevención para «evitar situaciones por resolver». Y, con respecto a las parejas que no les va tan bien, tendrán un pronóstico reservado, debido a las siguientes si-*

tuaciones: algunas se han habituado a la violencia, la agresión, y eso seguramente ya lo traían desde su familia de origen (amor apache), otras podrán crear una cierta conciencia para detectar sus errores y mejorar, y otras verán lo que les pasa a los parientes, amigos o vecinos, pero difícilmente se podrán ver reflejadas ellas mismos en los siguientes capítulos. Sin embargo, nunca es tarde para crecer y esperaría también que pueda ayudarles a resolver viejos y nuevos conflictos.

El contenido que encontrarás aquí recupera otros temas de los que no hablan otros libros relacionados con la pareja.

Dicen que ¡el que no cae resbala!, y seguramente creerás que me baso en mi vida personal, en tu vida personal o en la de mis pacientes para escribir esto. *Retoma una variedad de artículos que he escrito sobre el tema y que, afortunadamente, han servido para hablar de ellos en los diferentes medios de comunicación en donde participo.* Dice mi amigo Óscar Vicente Sánchez: «¡Órale, el latigazo no era para mí, pero hasta acá se sintió el aire!».

Y, efectivamente, podrás sentirte aludido, no porque haya revisado tus sueños o expedientes, sino porque son producto de múltiples investigaciones detalladas, las cuales han sido publicadas en México. Y, en España, en el sitio dedicado a la Psicología, Psicoactiva.com, en dónde participo desde hace muchos años como colaborador y articulista.

Los capítulos de la presente obra abarcan una gama importante de temas. Y muy probablemente todos hemos pasado por muchos de ellos, de forma directa o indirecta. Detallo algunos aspectos relevantes que encontrarás en cada uno de ellos:

- **El flechazo inicial o amor a primera vista.** *No existe el amor a primera vista, pero sí la atracción a primera vista.*

Y, para que pueda existir la posibilidad de llevar una vida en pareja, necesita venir de ambos lados. Sin embargo, no es la garantía de poder pasar toda una vida juntos.

- **¿Podrías vivir de migajas de amor?** *La respuesta más racional es posiblemente un rotundo ¡No! Sin embargo, en la sociedad actual, vivir de migajas de amor ante la soledad que llegamos a sentir en nuestra vida crea las condiciones para que cada vez más personas acepten esta triste realidad.* Se presenta este punto también en la vida presencial, pero en la dinámica de elección de pareja en las redes sociales existen al menos tres jinetes del Apocalipsis, que se describen a través de sus anglicismos (palabras o expresiones en inglés para describir una conducta): *Vivir de migajas de amor* (**breadcrumbing**), *que te dejen en tiempo de espera en la banca como una segunda, tercera o cuarta opción de elección como pareja* (**benching**) *y, por último, que la persona potencial que está interesada en ti, en el sentido afectivo o sexual, desaparezca como por arte de magia de las redes sociales y de tu vida* (**ghosting**).

- **¿Tienes un amigo o amiga con derechos?** El tema de los amigovios es una alternativa recurrente en el amor o las relaciones de pareja, que no obedece a una edad determinada o a una condición social. Es el amor líquido: sin compromiso, de relaciones fugaces, superficiales, con falta de calidez, de solidez y volátiles propias de nuestra sociedad posmoderna, descrito por el sociólogo polaco Zygmunt Bauman. Pero no te espantes, mi querido amigo lector, este tema se describe con total sencillez en este apartado. Si tienes una relación de este tipo o pretendes tenerla, hay una regla de oro muy importante a respetar: ¡El que se enamora pierde! Ésta es la excepción de la regla cuando decimos que en la guerra y en el amor «todo se vale». Bueno, pues aquí, no vale enamorarse. Sin embargo, tiene aspectos positivos y negativos. ¡Descúbrelos en este capítulo!

- **El amor con diferencias de edades.** El amor entre personas jóvenes y maduras es otra alternativa en las relaciones de pareja. ¿Es una conducta perversa o simplemente una elección entre las personas? En general, es más criticada la pareja en la que una mujer es mayor que el hombre. Cuando la mujer es demasiado joven y el varón demasiado mayor, las personas no creen en una relación por amor, sino en un interés económico. Sin embargo, una opción diferente cuando ambos miembros de la pareja no buscan exactamente transcender a través de la procreación se convierte en una elección más cultural que instintiva. Como todas las elecciones tiene puntos positivos y negativos.

- **¿Se te murió la pasión y ahora tu pareja es tu rumi o tu herman@?** La muerte de la pasión inicial en la relación de pareja obedece a una serie de elementos que desgasta la elección inicial. A veces, es la domesticidad o los quehaceres de la casa los que matan el erotismo, puede ser también que el amor cambió a compañía, en donde no se requiere la pasión como elemento para mantener la estabilidad de la pareja. ¿Es ésta una opción de convivencia o bien una forma de desgaste sin resolver?

- **La pareja en el confinamiento.** El miedo mata más que el COVID-19. Cuando estamos completamente enamorados e idealizamos a la pareja, queremos ir a vivir juntos a los tres días de conocernos. Sin embargo, en el confinamiento la calidad de la relación de pareja se ve mediada por las condiciones que teníamos antes de que se produjera. Es muy probable que quienes mantenían una buena relación terminen este período fortalecidos, «Amo y deseo a mi pareja». No lo pasarán bien quienes antes del confinamiento lo llevaban mal: «Mi pareja no me ama, ni me desea». Otras condiciones mediadas por el confinamiento y el uso de las redes sociales y la tecnología se podrán agudizar aún más en este período. «Estoy todo el día con mi pareja y no me hace caso. Se pasa el rato conectado a sus dispositivos electrónicos», «Mi pareja tiene la extraña costumbre de alejarme de sus redes sociales y en la intimidad me dice que soy el amor de su vida. ¿Por qué hace esto?». La primera recibe el nombre de *phubbing* (ignorar a la pareja y distraerse con el móvil o cualquier otro dispositivo). Y la segunda es el llamado *pocketing* (cuando tu pareja te esconde de su vida social y no te da acceso a ella, sólo cuenta contigo en su vida íntima). Las parejas que se han visto separadas por el confinamiento se enfrentarán a otras realidades, descúbrelas en los conceptos del *searching*, el *clicking* y el *zombieing*.

- **¿Por qué no tengo la pareja que quiero?** ¡Pide al universo y se te concederá! ¿Será cierto? Bueno, alrededor del 95 % de nuestras acciones, elecciones y pensamientos son inconscientes. Entonces, ¿por qué nos quejamos de no tener al amor deseado? ¿Se puede cambiar de opinión y dejar a la pareja que tenemos? ¿Y si dejo a mi pareja y la siguiente me resulta igual y no sigo satisfecho? Es de sabios cambiar de opinión, y ello se aplica también a la relación de pareja, pero ninguna elección será la acertada si no tenemos el amor propio necesario antes de elegir a alguien.

- **¿Cuáles son las señales que pronostican el fin de una relación de pareja?** Todas las relaciones sufren un desgaste y éste se agudiza cuando ni siquiera lo percibimos. ¿Sabías que los besos son un gran predictor para saber si estarás junto o separado de tu pareja? Si tienes dudas en tu relación y estás pasando por una situación delicada, te convendrá leer el capítulo «Señales de una relación de pareja que está a punto de terminar».

- **¿Cómo afecta el uso de la tecnología a la pareja?** Existen más de setenta tipos de redes sociales para buscar foros relacionados con los deportes, los viajes, las fotografías, las mascotas y, por supuesto, para buscar pareja. Cuando publicamos algún aspecto personal en la red, existe el riesgo de que se haga un mal uso de nuestra información. Conoce en el capítulo «¿Cómo afectan la tecnología y las redes sociales a la pareja? Algunas consideraciones que te servirán de guía cuando publiques tu vida en la red. Para algunas parejas es la posibilidad de mostrar su amor al mundo, aunque al mes de ser novios o estar casados se separen. Para otras es un interesante modelo catártico para despotricar contra la pareja o expareja. Sin embargo, el uso de la tecnología en pareja también proporciona grandes posibilidades para disfrutar de la vida sin caer en las adicciones de su uso.

- **¿Qué pasa en el cerebro durante el orgasmo?** Posiblemente éste es el capítulo dedicado a este tema más extenso del libro, debido a que el orgasmo es una de las experiencias más gratificantes que podemos experimentar como seres humanos. Es el tema más caliente, más controvertido y al mismo tiempo más intenso en este libro, así que por ninguna razón puedes perdértelo. La evolución en el conocimiento de la respuesta humana nos ha llevado a saber aún más las cosas que suceden en el órgano más complejo del ser humano. Es delicioso sentir un orgasmo, por eso algunas personas le llaman «la muerte chiquita». Además de conocer las rutas del placer que recorre el cerebro, la experiencia de los hombres y de las mujeres es distinta. Para algunas personas es más fácil sentirlo que describirlo. Son muy variados los estímulos que nos llevan a experimentar un orgasmo placentero y algunos te van a parecer de lo más extraño. ¿Sabías que te pueden llevar a experimentar un orgasmo una de las siguientes parafilias o variaciones en la conducta sexual?: inflar y reventar globos (*looner porn*), el gusto por los pies, las axilas, el cabello, las nalgas, el olor de los genitales, las secreciones (la orina, los gases o el excremento), por citar sólo algunas. De la misma forma, en el interesante mundo del remapeo cerebral para llegar a un orgasmo se han documentado de forma científica personas que sienten un orgasmo por cepillarse los dientes (yo los traería blanquísimos, jajaja), por tocarse la ceja, incluso por saber controlar su respiración, esto último les corresponde a los maestros del sexo tántrico. Otro elemento más, ¿sabías que incluso estando muerto un hombre puede experimentar un orgasmo? Esto se conoce como reflejo de Lázaro. Finalmente, conocerás los múltiples beneficios del orgasmo, además de ser un ansiolítico, analgésico y antidepresivo natural, te dejará la piel más bonita. En la salud sexual de los hombres, tener orgasmos de forma regular previene el cáncer de próstata. Y en los hombres y en las mujeres ayuda en la prevención y el tratamiento de la pielonefritis (inflamación del riñón).

- ¿Podemos regular las emociones de nuestra pareja? Experimentar emociones nos lleva a un gran espectro que va desde ser visto como un modelo de comunicación, una enfermedad psicosomática, ser capaces de regularlas o no mediante la inteligencia emocional, un termómetro que puede ir de lo muy leve a lo muy intenso… Sin embargo, cuando en una discusión queremos regular la emoción de la pareja huyendo o alzando la voz, en realidad, no resolvemos los conflictos. Ser capaces de regular las propias emociones y orientarnos en buscar las soluciones es la verdadera magia de la corregulación emocional. En el capítulo dedicado a esta cuestión descubrirás cómo hacerlo.

Descubrí en mi carácter disciplinado, obsesivo, jubiloso, rebelde, poético, creativo e hiperactivo que podría utilizarlo sin ningún problema para desempeñar mi trabajo, en la ciencia, entrando en terrenos complejos y transformándolos en palabras simples, accesibles casi a cualquier lector. Otro aspecto interesante del libro es que puedes empezar la lectura por el capítulo que te apetezca, pues, aunque no tienen un orden de importancia, todos, absolutamente todos, están relacionados.

También incorpora una estrategia de programación neurolingüística para hacer más fácil y divertida su lectura. *Encontrarás información con letra cursiva que va dirigida a tu mente inconsciente* e **información en negrita para que sea captada por tu mente consciente**, además, te sirve de resumen para avanzar hacia las partes más importantes.

Un aspecto adicional son las partes sombreadas como ésta, las cuales muestran algunas frases o reflexiones relacionadas con el contenido de cada capítulo. Incluye algunos testimonios, fragmentos de poesías, canciones, tips y recomendaciones que facilitarán entender tu vida en pareja.

¡Sin más, bienvenido a la lectura y espero que la disfrutes!

Juan Antonio Barrera Méndez, *Psicólogo*
juan.antonio.barrera.mendez@gmail.com
Facebook Juan Antonio Barrera
Instagram psicjuanantoniobarrera
Clave Skype: juan.antonio.barrera.mendez@gmail.com
Twitter: juanantonio6289

Dedicado a todos mis pacientes y expacientes que me han brindado su confianza para acompañarlos en las dificultades de su vida en pareja.

La difusión de la cultura es un hábito adquirido desde hace muchos años en mi *alma mater* Universidad Autónoma Metropolitana Iztapalapa. Gracias al Dr. Juan Manuel Herrera Caballero (director de la División de Ciencias Sociales y Humanidades) y al Maestro José Manuel Gutiérrez Fiallo (coordinador de la carrera de Psicología Social), por compartir innumerables horas de docencia, investigación y difusión.

Mi segunda casa y también mi alma mater, IEXPRO, agradezco la difusión de muchos de mis artículos al Maestro Enri Escobar y a la Dra. Teresa Argueta (directora de la Maestría en Desarrollo Humano).

Y un agradecimiento especial para todos los medios de difusión que me han brindado su confianza:

- MVS (radio), programa *Charros v.s. Gángsters*; José Luis Guzmán (Miyagui), Jairo Calixto Albarrán y Guillermo Guerrero.
- MVS (radio), programa *Descúbrete Feliz*; Clementina Rodríguez.
- Revista *el Punto sobre la i*; Alejandra Tello.
- Revista electrónica en España, *Psicoactiva.com*; Marta Guerri (CEO de Psicoactiva).

CAPÍTULO 1

¿NOS PODEMOS ENAMORAR DE ALGUIEN A PRIMERA VISTA?

La belleza personal es una mejor recomendación que cualquier carta de presentación.
ARISTÓTELES (384 a. C. – 322 a. C.)

Los ojos son los espejos del alma.
LEONARDO DA VINCI (1452 – 1519)

Antecedentes

Si no sintiéramos atracción por alguien hace mucho tiempo que estaríamos extintos del planeta. **Amar y ser amados es una experiencia que enloquece a cualquier ser humano.** Lo mismo sucede con la posibilidad de que alguien nos agrade o nosotros le agrademos.

Sin embargo, podríamos decir que todo empieza justo con la atracción. Evaluamos inconscientemente rasgos que nos parecen atractivos de una pareja potencial. Incluso la propia naturaleza es una muestra de ello cuando las aves eligen al compañero de mejor plumaje.

En el caso de la atracción de los seres humanos, los científicos llaman fluctuaciones asimétricas (indicadores de fealdad o de salud deteriorada) a aquellos rasgos que se desvían de los estándares culturales de belleza, pero también realizamos inconscientemente una evaluación automática del posible estado de salud de la otra persona, y esto se refleja cuando observamos la apariencia de la piel, la forma de caminar, la dentadura, el rostro, o una instantánea del cuerpo. Y todos aquellos datos percibidos que en primera instancia nos den un indicio de quién está frente a nosotros. Esperamos que no presente asimetrías y ése es un primer paso, que conforma la complejidad multifactorial del amor o la atracción a primera vista.

Esto no es exclusivo de las relaciones de pareja. Algunos investigadores encontraron que los adultos que perciben a los bebés como bonitos o atractivos los describieron como más agradables, sociables, competentes y fáciles de cuidar en comparación con los bebés no atractivos (Casey y Ritter, citado en Franzoi, 2007). En general, en las escuelas los niños bonitos resultan ser más populares y son mejor evaluados por los padres y los maestros.

Sin embargo, la reflexión del presente capítulo gira en torno al amor y la atracción entre las personas adultas.

¿Qué es el amor a primera vista?

Aún hoy en día, no hay un consenso global de lo que entendemos como amor a primera vista, *en su aproximación polisémica (esto es, que tiene varias formas de interpretarse) vemos tres conceptos distintos:*

- *Puede ser la experiencia que tenemos en unas cuantas fracciones de segundo. Sólo vimos a la persona, sin hablarle.*

- *Un encuentro de unas cuantas fracciones de segundo y cruzamos una mirada, una sonrisa o un saludo.*

- *También un encuentro de unos minutos como sucede en una cita rápida.*

Cada uno de estos eventos va a dejar una huella sensorial, que va a ser comparada también con la impronta del amor o la atracción (la idea primigenia que ha quedado grabada en nuestro cerebro del amor o de la atracción), que cada uno de nosotros llevamos dentro.

Por ejemplo, si vemos a esa persona, pero no le hablamos, nos quedamos en estado de shock emocional, culpándonos de no haberle hablado. Y también podríamos culparnos de no haber tenido el valor de hacerlo o bien maldecimos las circunstancias que no nos permitieron llevar a cabo ese valioso encuentro.

Para expresarlo en otras palabras, nos quedamos con la expectativa de la felicidad y frustrados, como sucede en muchas canciones o películas de moda. Sin embargo, esto se refiere al contacto inicial de la primera vista, no necesariamente al amor.

Una visión multifactorial

El aspecto psicosocial

Si una persona nos parece atractiva, conectamos con el estereotipo de la belleza y tendemos a pensar que las personas físicamente atractivas tienen rasgos de personalidad socialmente deseables y son más felices que las personas menos atractivas.

La primera impresión cuenta mucho (efecto de primacía), no sólo nos permite hacer una evaluación rápida emocional, biológica y hormonal de la persona, sino que también tendemos a idealizarla y a atribuirle rasgos positivos socialmente deseables.

El amor a primera vista deja una evaluación positiva que seguramente afectará a los encuentros posteriores si los hubiera (efecto de halo).

Como en ese momento no tenemos más información, nuestra percepción hace que la completemos mediante nuestras necesidades (fisiológicas, sociales, psicológicas…). La velocidad con lo que ocurre todo esto se desconoce todavía.

Generalmente idealizamos a esa persona y eso nubla nuestra visión racional en la interacción social.

El aspecto neurológico

La primera impresión activa los centros de recompensa de la persona y se produce un subidón de dopamina, adrenalina, cortisol y oxitocina, entre otros mensajeros químicos. El disparo hormonal genera reacciones físicas, fisiológicas, emocionales, conductuales y sociales:

- Cuando vemos a una persona por primera vez y nos gusta tenemos la sensación de que **el corazón se acelera,** sentimos mariposas en el estómago e incluso podríamos mostrarnos torpes al mantener una conversación. Puede ser una sensación singular, indescriptible.

- Otras reacciones fisiológicas son **la sudoración, el nerviosismo, te ruborizas, se dispara la presión arterial.**

- Otro comportamiento que acompaña a estos síntomas es **darse la vuelta constantemente para ver a la otra persona.**

No es amor, sino una atracción inicial que puede llegar a convertirse en amor

Aclarando las cosas: Si el primer encuentro fue breve o un poco más prolongado, no es amor, sino una atracción inicial que puede convertirse en alguno de los programas del amor: lujuria, amor romántico o a una relación de apego (Fisher, citado en Alemar, 2013).

Puede ser que esta sensación sólo la experimente uno de los implicados y para la otra persona no representemos absolutamente nada.

Es difícil que dos personas que se acaban de conocer terminen sintiendo ese amor o atracción a primera vista de una forma recíproca, pero no es imposible.

Realmente para crear un amor con alguien, se requiere convivencia y apego con el fin de estabilizar una relación y, para ello, se necesita tiempo y pasar momentos de interacción e intimidad.

Una cara nos puede parecer más atractiva por el simple hecho de que mantiene el contacto visual con la otra persona.

Personas que no se conocen pueden tener una sensación de conocerse con el otro por el hecho de mirarse a los ojos. Crea una atmósfera de intimidad.

El riesgo de conocer a alguien y empezar una relación no será suficiente para producir un amor duradero, sólo es un punto de partida para empezar una relación (Lieb, 2018).

Se requiere también de una atracción física. Sin embargo, si la elección de pareja se basara sólo en aspectos racionales, sería muy aburrido y complicado. La buena noticia es que aumenta la predisposición para iniciar una relación.

Para que se dé un efecto duradero es necesario un conocimiento mutuo. *Si los sentimientos perduran y la primera impresión da espacio a un conocimiento realista de la otra persona, entonces, sí podemos hablar de verdadero amor. Así pues, puede llamarse atracción a primera vista, pero no amor a primera vista.*

Bibliografía

ALEMAR (2013): «La química del amor», entrevista con Helen Fisher en Redes para la ciencia, consultado el 22 de febrero de 2019: www.youtube.com/watch?v=6jN47ZTgBCc

FRANZOI, S. (2007): *Psicología social*, McGraw Hill, México.

LIEB, K. (2018): «Resiliencia, mente y cerebro», *Revista de Psicología y Neurociencias*, julio-agosto, n.º 91, España.

CAPÍTULO 2

¿SE PUEDE VIVIR DE LAS MIGAJAS DE AMOR?

> *Habrá personas que darán valor a tus sueños.*
> *Otras menospreciarán todo lo que te propongas.*
> BERNARDO STAMATEAS

Antecedentes

- Paty sabe que Fernando no es muy guapo, pero lo que mantienen entre ambos es lo más parecido a una relación de pareja. *Le desconcierta cuando le dice cosas lindas, pero se aleja y pone mil pretextos para no verla. Lo más desconcertante de Fernando es que un día dejó de escribir, es como si la tierra se lo hubiera tragado.* No está localizable por ningún medio de contacto y tampoco contesta las llamadas telefónicas. Lo peor de todo es que Paty siente que no tuvo ningún conflicto con él, *simplemente es como si hubiera dejado de existir.*

- Perla siempre pensó tener una pareja como Ricardo, dice que es el hombre de sus sueños. Cree en el amor y que él es el amor de su vida. Se han visto muy poco y Ricardo sólo la busca cuando ha bebido para decirle cosas lindas. *Ricardo tiene una lista negra de sus exparejas, a las que sólo les llama cuando se siente solo, aburrido, ha bebido o necesita que le adulen.*

- Antonio ha soñado con encontrar a la mujer de su vida. Es un hombre socialmente deseable. Cree en las palabras de Carolina, y *ella cambia la conversación cuando él le pregunta sobre su posible futuro como pareja.* Digamos que es una mujer de palabras, pero no de hechos. Lo cierto es que han salido muy pocas veces, aun siendo aparentemente novios o amigovios. Antonio vive más de sus propias ilusiones y no ve claro hacia dónde podría ir con Caro. *En la actualidad, ella aparece y desaparece por días, a veces por semanas y, cuando Antonio cree que todo está perdido, Caro vuelve a aparecer como si nada, dándole nuevamente falsas esperanzas de que las cosas van a reactivarse.*

Como seres humanos tenemos la necesidad de amar y de ser amados. Todos los personajes de estas breves historias comparten varias cosas en común. *En la díada encontramos una persona que cree en el amor y está plenamente convencida de iniciar una relación duradera, y otra que sólo va a utilizar a la otra persona, como objeto, es decir, cosifica a la otra parte.* También ambos miembros de la díada viven relaciones tóxicas y experimentan un miedo terrible a estar solos, por lo tanto, viven en una relación de codependencia. Además, en la díada solemos encontrar una persona socialmente buena, comprometida y altruista y, en el otro extremo una persona egoísta, narcisista, manipuladora y sin compromisos.

La forma de experimentar el amor en una relación tóxica podría estar conformada hoy día por tres jinetes del Apocalipsis.

sus nombres en inglés son ghosting, benching y breadcrumbing. Los tres combinados son formas sofisticadas de mostrar una relación potencial de pareja cruel, apócrifa, dañina y malsana. *Aunque se les relaciona fundamentalmente con romances derivados de las redes sociales, se presentan de forma virtual y presencial.*

- *Ghosting:* **Es una práctica mediante la cual una persona desaparece de la vida de otra sin dar explicación alguna.** Esta práctica suele ser muy usada en las relaciones románticas, en las que uno de los miembros de la pareja no quiere continuar y, en lugar de decirlo abiertamente, opta por desaparecer. Esto quiere decir no contestar los mensajes del otro, ni sus llamadas, evitar todo contacto vía redes sociales, WhatsApp hasta llegar a bloquearlo si el otro miembro sigue insistiendo (Diccionario actual, 2019).

- *Benching:* **Se trata de una nueva «moda» que consiste en mantener una conversación/coqueteo constante con alguien de nuestro interés, pero sin llegar a concretar algo serio.** *Es decir, «tener a esa persona en el banquillo» o «de reemplazo» mientras se consideran otras opciones.* Ésta es una actitud bastante egoísta y, aunque ahora tiene un nombre, siempre ha existido (RPPNoticias, 2016).

- *Breadcrumb:* **Es un juego de palabras que significa, en inglés, 'migas de pan' y el acto de ir dejando migajas en el mundo digital toma el nombre de** *breadcrumbing.* El sitio Urban Dictionary lo define como *un «enamoramiento» sin intenciones de llevar las cosas más* *lejos. «Pero les gusta la atención, entonces coquetean, envían DM o textos sólo para mantener a la persona interesada, aunque saben muy bien que permanecerán solteros»* (Airedigital, 2018).

Existen personas que, desafortunadamente, pasan mucho tiempo viviendo con migajas de amor. ¿Por qué ocurre esto?

Psicopoesía
«¿El amor en la cama o el amor en los sueños?»

Al dejar tu cama, no se fue mi alma;
me salieron alas, volaron mis sueños.
La luz de la noche fluyó como el agua,
encontró el camino de nuevas palabras,
de nuevas poesías y de nuevos versos.
Te apropiaste el mundo, con todo el espacio,
un gran escenario, sin notas vibrando; sin amargos besos.
La luna solloza, se encuentra muy triste;
dejó lo radiante, ya no tiene cuerpo.
Los ciclos terminan, y en la paradoja;
¡no muere mi cuerpo, no mueren mis sueños!
Al entrar el alba, llega la mañana
también la esperanza, mueren mis recuerdos.
Una nueva vida llena de ilusiones,
destella fragancias, llena mis sentidos,
siembra la semilla de unos nuevos versos.
Comprendí en la noche:
¡que el amor en vida no es tener la cama, es vivir con sueños!
JUAN ANTONIO BARRERA

Curiosamente cuando hemos experimentado una relación de pareja positiva o cuando no la hemos vivido, pero tenemos la expectativa de que la podemos vivir, se activan nuestros sistemas de recompensas en ambos casos.

Una región del cerebro responsable de ello es la ínsula. Por su carretera neuronal corre la hormona del placer, «la dopamina».

Esta parte de nuestro cerebro está implicada en los placeres amorosos o no amorosos que nos generan bienestar. Puede convertirse en una adicción sentir placer a toda costa sin importar el costo.

Desafortunadamente, cuando permanecemos esperando una recompensa en este modelo de relación de pareja, puede pasar mucho tiempo en la espera del placer y, cuando llega, por muy poco que sea (migajas de amor), nos produce la esperanza de que vamos a tener más. Incluso, aunque se presente una comunicación deficiente, sin rumbo o negativa proveniente del «ser amado», aumenta la posibilidad de encender realmente la llama del amor, al menos por parte de la víctima. Curiosamente, cuando el victimario hace acto de presencia, la razón es parte activa del mismo sistema de recompensa, *pero su objetivo es otro: simplemente evitar ser olvidado sólo para alimentar el ego.*

Pasemos a ver los perfiles de ambos implicados. Son piezas que embonan disfuncionalmente en el juego como las formas cóncava y convexa.

Perfil de la víctima

Existen una gama de personas con comportamientos diversos, a veces en extremos diametralmente opuestos. Y en esa gama encontramos personas socialmente deseables y otras

31

indeseables. Por lo general, las víctimas en esta díada se hallan en el primer grupo.

Las personas que son víctimas sufren un doble impacto:

1) son víctimas de un manipulador y
2) son víctimas porque quienes están a su alrededor no comprenden que se encuentran ante una situación compleja de la cual no pueden salir. Por tanto, suelen ser duramente criticadas.

Algunas características son:

- **Viven un amor platónico e idealizado** que no les permite percibir cuando alguien abusa de ellos o les hace daño. Por otro lado, pagan una factura muy alta en el plano emocional, económico y social.

- **Depositan sus expectativas de felicidad en la otra persona** y esperan que, de una o de otra forma, el otro les haga feliz. Pueden perder su personalidad y libertad con tal de complacer a la pareja.

- **Como son personas cándidas y bondadosas piensan que la otra persona no sería capaz de hacerles daño.** Creen que el león es de su condición, es decir, si soy una buena persona, una pareja potencial no podría hacerme daño.

- **Son personas muy comprometidas en la relación de pareja** y hacen todo lo que esté en su mano para que ésta funcione. Si deja de funcionar la relación, se culpan porque creen que no hicieron lo suficiente para retener a la pareja.

- *Si dan buenas cosas y les han dicho cosas positivas son capaces de esperar largos períodos de tiempo para recibir nuevamente una recompensa.* **La neurociencia nos ha mostrado hoy día que la expectativa de la felicidad genera felicidad,** pero si tarda mucho en llegar o no llega lo que genera es un gran dolor emocional durante todo el tiempo de espera.

- **Son personas que confían excesivamente en los otros.** Brindan toda su confianza y creen que la pareja les va a responder de la misma forma. En los casos extremos recurren a fórmulas mágicas para asegurarse la relación. Son incapaces de percibir la falta de coherencia de su pareja en cuanto a lo que dice, lo que piensa y lo que hace. Son cosas distintas y ello confunde a la persona, pero le deja con un halo de esperanza de que las cosas cambien a su favor y vivir un idilio tipo cuento de hadas, pero esto nunca sucede.

- *Debido a que no pueden ver la maldad en el otro, pueden sentirse culpables porque las cosas no salgan bien* y eso lo aprovechan los manipuladores para hacerles sentir mal.

- **No les cuesta trabajo sacrificarse por los demás** o pensar en ayudarlos o comprenderlos.

- **Les cuesta trabajo poner límites**, son muy tolerantes y comprensivas.

- **Suelen ser personas generosas** *y en general están disponibles para ofrecer ayuda. Sin embargo, nunca reciben en reciprocidad lo mismo que dan.*

- *Su bondad les crea la ilusión de que pueden hacer cambiar la actitud negativa del manipulador.* Piensan que cambiará su punto de vista por amor. Esto es lo que menos les interesa a los manipuladores, aunque digan y repitan que nos quieren. Suelen pedir al universo o apoyándose en sus creencias religiosas rezan fervientemente para que la pareja cambie y eso, en ocasiones, impide que se den cuenta de la maldad de la pareja.

- *De acuerdo a las tipologías del amor de Lee (Sangrador, 1982), practican el amor «ágape», que es un amor dirigido a los demás sin esperar reciprocidad alguna.* **Es un amor altruista.**

Perfil del victimario o manipulador

> *Distánciate de las personas que nunca admiten que están equivocadas y siempre tratan de hacerte sentir que la culpa es tuya. Esto es manipulación.*

Un manipulador dirige la voluntad de la víctima, abusando de su sensibilidad o vulnerabilidad. El manipulador es siempre un agresor. Posee una gran habilidad para fabricar impresiones de la realidad, ilusiones virtuales que le permiten esconder sus artimañas y ficciones (Husmann, 2008). En la versión mexicana, es el mil máscaras.

- **Tarda días o semanas en contentar mensajes virtuales o presenciales.**

- *Te manipula a través de mensajes que sólo alimentan tus expectativas sobre lo maravillos@ que eres y luego desaparece.*

- **Nunca se muestra clar@ sobre el futuro de la relación potencial de pareja.**

- *Su conversación básicamente es de palabras y no de hechos.* «A ver cuando nos vemos o salimos…», «Nos vemos en cuanto termine la pandemia».

- **Oculta información,** su presencia gira en torno a dos hechos básicamente: **te alaga o te ignora.** «Hola preciosa/muñeca/princesa/bebé», «Simplemente te deja en "visto"».

- *Desde ninguna circunstancia hablará de sus emociones o sentimientos hacia ti,* lo cual demuestra su falta de compromiso. Sus respuestas son confusas.

- **En México decimos: «Prende el boiler, pero no se baña»,** es decir, te excita con sus palabras, pero no hace nada.

- *Cada vez que se acerca y se aleja, lo hace para que le tengas presente y para alimentar con ello su propio ego.*

- Crea una relación de dependencia y, detrás de todo esto, **existe un miedo terrible a estar sol@.**

- **Se muestran con personalidad múltiple que adaptan a las circunstancias:** *dominadores, irresponsables, simpáticos, de perfil bajo, profetas (todo lo saben y lo adivinan), generosos, cultos, explosivos, dependientes, desvalidos, enfermos, cizañeros, perversos, seductores, aduladores, amables y socialmente deseables, pero si hay intimidad virtual o presencial, sale su lado más oscuro* en la agresión y la violencia para ponerte distancia. Muestran su máscara de manipulación, según las circunstancias que le convengan.

- **Son impredecibles en la relación afectiva y carecen de empatía.** Cuando muestran cierta empatía, es producto de una excelente actuación, merecedora de un Oscar.

- **No toleran los errores de los otros** *y jamás reconocen los suyos propios.*

- *Abusan y acusan a sus víctimas por sus defectos y errores.*

- **Se creen poseedores de habilidades especiales** («a tantas personas les gustaría estar conmigo y tú no me valoras») y ocultan su baja autoestima desvalorizando a los demás.

36

- **Son egocéntricos, narcisistas, celosos y controladores.**

- *Atrapan a sus víctimas haciéndoles dudar de su personalidad y sus propios paradigmas de vida.* No importa el nivel de inteligencia que tenga la persona en cuestión, pues el manipulador entra siempre por el lado emocional.

- **Mienten con una estrategia** normal que al final es **patológica.**

- **Según las tipologías del amor de Lee (Sangrador, 1982) practican el amor ludus; éste es sólo un juego agradable** y no se implican en la relación. Además, pueden pasar de un amor a otro y sus relaciones no son intensas, no hay un futuro, evita que surjan los sentimientos y la mentira forma parte del juego.

A manera de reflexión

Una relación que no tiene rumbo te dejará peor de como estabas. En la vida, más vale sólo que mal acompañado, pues la factura emocional nos puede salir muy cara. Vivir a la expectativa de un amor y percibir mal las señales que nos manda el otro *es como dar sal al sediento, pero, como es tan grande la necesidad de afecto, el sediento se conforma con la sal.* Una de las situaciones que nos desconciertan más es la ambigüedad o la incertidumbre, pues nos producen emociones, sentimientos y pensamientos negativos y desconcertantes. Sentimos que perdemos el rumbo de nuestra vida. Sin embargo, en lo positivo, en ocasiones necesitamos perdernos para volvernos a encontrar.

Psicopoesía
«Me siento perdido»

Hoy es uno de esos días en los que para mí la vida
extravió mi rumbo.
Es parecido al juego de las escondidillas de la infancia,
sin la certeza de que un día lo encontraré.
He caído en la cuenta de que mi forma grandilocuente
y ácida de criticar a los demás
revela más bien el abismo de mi doble vacío existencial.
Uno es por no saber mi rumbo, por no saber ¿qué hacer?
Y el otro es por experimentar esta soledad en compañía,
el estar con otros, sin realmente estar.
¿En qué momento me perdí?
Muy probablemente por seguir los sueños de los demás,
olvidando los míos.
Podría ser también por no decepcionar a mi familia y
hacer lo que mis padres decían que «yo debería hacer».
Sin olvidar el acto casi sublime de complacer y complacer
y complacer a los demás. Por supuesto en primera línea
a la pareja. ¡Olvidándome de mi!
Una vida completa amando a los otros, sin percatarme
de mi valor como persona.
Bueno, y en este punto, ¿qué debería hacer?
Como todo filósofo de la vida, del viento, de lo
inmaterial y también experto en deletrear el infinito.

¿Servirá de algo sentirse perdido?
¿Qué tal si cultivo nubes o contemplo el universo?
¡Hacer lo contrario de lo que antes he hecho es una buena
opción!
Será mejor calmar mi mente y respirar en calma cada
minuto que me queda de vida y sentirla plenamente.
¡Todas las cosas sirven para algo!
Comprendí, haciendo una pausa en mi vida, que tuve
que perderme para volverme a encontrar.

JUAN ANTONIO BARRERA

Sugerencias para el cambio

Si tuviera que pedirle perdón a alguien,
sería a mí mismo por las veces que no me defendí
cuando me trataban mal.

- *Alejarse de todas aquellas relaciones potenciales que se ocultan o te ven poco, que sólo te buscan o te llaman cuando te necesitan y que no muestran un rumbo claro en el futuro.*

- **Si en una relación de pareja te produce la sensación de estancamiento y falta de compromiso, ten claro que no te llevará a ninguna parte.**

- *Rodéate de personas que sumen a tu vida, se alegren y te impulsen en tus éxitos.*

39

- **Todo amor real de pareja empieza con el amor propio.**

- *Si no sabes cómo ponerle límite a este tipo de personas o no puedes salir de un contexto como éste, busca la ayuda de un profesional.*

Bibliografía

Airedigital (2018): «Breadcrumbing: Relaciones virtuales que no se hacen realidad», consultado el 15 de junio de 2019: www.airedesantafe.com.ar/ocio/breadcrumbing-relaciones-virtuales/

Diccionario actual (2019): «¿Qué es el *ghosting*?», consultado el 15 de junio de 2019: https://diccionarioactual.com/ghosting/

HUSMANN, G. (2008): *Los manipuladores. Cómo identificarlos y aprender a decir basta*, Editorial Océano, México.

RPPNoticias (2016): «¿Qué es el *benching*, la nueva tendencia amorosa que disgusta a los románticos?», consultado el 15 de junio de 2019: https://rpp.pe/vida-y-estilo/mas-vida/que-es-el-benching-la-nueva-tendencia-amorosa-que-disgusta-a-romanticos-noticia-971405

SANGRADOR, J. L. (1982): *Interacción humana y conducta social (el amor)*. Aula Abierta Salvat, Madrid.

CAPÍTULO 3

AMIGOVIOS: ¿EN LA GUERRA Y EN EL AMOR, TODO SE VALE?

No éramos amigos ni novios.
Éramos un pequeño intermedio que dolía en el corazón.

Bueno al menos en las relaciones de «amigos con derecho», «amigos con derecho a roce» o «amigovios»: ¡No!

¡No vale enamorarse! *Y ésta es una regla que necesitamos tener bien clara. Un aspecto más es que son relaciones únicas e irrepetibles. Lo que funciona con una pareja no funciona con otra.* Y eso llena las relaciones de un cierto grado de complejidad.

Desde su origen no todas las relaciones están hechas para buscar una estabilidad, un compromiso y transcender a través de los hijos. En algún momento creé cierta conmoción cuando en terapia le he dicho a una persona determinada: «Elegiste perfectamente a la persona adecuada para que no se estableciera un vínculo». No es una paradoja, es una realidad, pues casi siempre cuando una persona no tiene cerrados sus vínculos emocionales resulta más complicado que pueda comprometerse con nosotros.

Las reglas de convivencia son tan singulares como cada pareja. Sin embargo, tienen varios puntos de coincidencia: **básicamente, ser amigos y disfrutar del sexo.**

Se considera conveniente no involucrar sentimientos, respetar la amistad y no tener un futuro como pareja a mediano o largo plazo.

¿Amigos, novios o amigovios?

No somos ni amigos, ni amantes: somos amigos con derechos.

Según el diccionario de la APA (2010), la amistad es **una relación voluntaria** entre dos o más personas que es relativamente duradera y en la cual **los involucrados** *tienden a mostrar interés en satisfacer las necesidades e intereses de los otros, así como sus propios deseos.*

Ser novio corresponde a un rol dentro de las etapas de lo que se conoce como «la vida de pareja» y es el noviazgo. **Está orientado a cubrir un ciclo para establecerse más adelante en compañía de alguien.**

López (2000) define el noviazgo como la primera etapa que se inicia con el encuentro y los primeros contactos entre un hombre y una mujer que tienen algo en común, como estudiar la misma carrera, trabajar en la misma empresa o compartir un grupo de amigos. Lo que sigue es que **surge entre ellos un grado cada vez mayor de atracción física y afectiva, hasta llegar al estado en que la presencia del otro llega a convertirse en una necesidad imperiosa** que los impulsa poderosamente uno hacia el otro, con *la sensación de que esta otra persona es la única que puede satisfacerlo todo,* que tiene todas las cualidades y ningún defecto (o los que existan será fácil corregirlos) **y con la cual se desea permanecer toda la vida.**

Bueno, pues el concepto de «amigovios» combina la amistad o la relación voluntaria y la atracción física. *Se pasa el límite de ser amigos para satisfacer deseos, necesidades e intereses sexuales,* pero sin que se convierta en la primera de las etapas de la relación de pareja tendientes a formalizar, vivir juntos o casarse, permanecer juntos toda la vida y en muchos de los casos procrear descendencia.

En esta modalidad, no se busca una pareja para procrear, sino para acompañarse y/o divertirse sólo durante un tiempo relativamente corto y sin compromiso de formalizar. Así tenemos como resultado una mezcla de amigos y novios. **Se trata de una relación en la que se puede confiar en la otra persona, como sucede en las relaciones de amistad, pero dejando la puerta abierta a que alguien más se incorpore al amor,** o incluso a sabiendas que el otro puede tener ya un compromiso con una pareja formal, esto se pasa por alto. Así, el compromiso con alguien más puede estar presente en ambos lados y, no obstante, entablar una relación de amigovios.

«Amigovio», *término aceptado en la última edición del diccionario de la Real Academia Española, define una relación de menor compromiso que un noviazgo* (Soteras, 2016).

Tipos de amigovios

En este tipo de parejas existe atracción y un compromiso orientado sólo a la amistad, pero con las mismas características de lo que implica una conducta sexual como la que se tiene con una pareja formal, sin que la pareja sexual sea realmente la pareja formal.

Las categorías pueden ser muy diversas:

> *La prefiero compartida, antes que vaciar mi vida,*
> *no es perfecta, mas se acerca a lo que yo simplemente soñé.*
> SILVIO RODRÍGUEZ

- **Amigos-novios de una o un par de ocasiones.** Es posible que se conocieran en la escuela, en un bar o donde sea y terminan teniendo una relación fugaz.

- **Los amigos-novios que se conocen hace años,** pero que un día decidieron pasar de la amistad a la relación sexual.

- **Los amigos-novios en los que uno de los dos, o ambos, tiene una relación de compromiso formal** con alguien más, pero se permiten tener esta libertad.

- **Los amigos-novios, esposos o exesposos** que viven separados, que sólo se llevan bien a ratos y en lo sexual, y eso es lo único que les une. Bueno, los hijos, un poco.

- **Los amigos-novios que viven cada uno en su casa,** van de vacaciones juntos, participan ambos en eventos sociales, pero no van a formalizar nunca la relación porque así están mejor. Son los novios eternos, pero en ocasiones se dan permiso para estar con alguien más sin que el otro lo sepa.

- **Amigos-novios, producto de las redes sociales,** especializadas o no en conseguir pareja, en las que se puede acelerar el encuentro. Sobre todo si se trata de sitios para buscar «amistad» o «pareja». Como, por ejemplo, Tinder, Meetic, Badoo, Happn, Muapp, Adoptauntio, Bumble, Jaha, Teasr; Gropyfy, Grindr, Wapa, Desire, Couple, 3nder, MiuMeet, OkCupid, Ashley Madison, eHarmony y Good2Go, entre otras.

- **Amigos-novios online,** es probable que nunca estén físicamente juntos, pero son amigos y practican sexo sólo por ordenador.

Es importante aclarar que no se trata de relaciones de acoso sexual, sino de mutuo acuerdo en las que ambos miembros coinciden y en cualquier instante se puede dejar de coincidir. En este tipo de relaciones no se involucran sentimientos ni se hacen reclamaciones afectivas, y el sexo es simplemente un punto de placer mutuo.

La singularidad en la dinámica de convivencia de los amigovios

En ocasiones sus encuentros **se producen sólo el fin de semana,** cada vez que viajan o cuando coinciden entre semana o algún día en particular.

El trato puede ser cordial, atento, sexual y amoroso, en donde sólo se mantiene el compromiso de seguir siendo amigos.

El principal elemento es la atracción física que puede haber entre ambos. Sin embargo, cada uno tiene claro que no van a estar juntos en más proyectos, sólo en lo sexual.

Una relación en donde **se mezclan los roles de amigos y novios** para algunos resulta muy práctica y divertida. ¡Salimos, nos divertimos y tenemos sexo, pero sin compromiso!

Dado que en muchos casos *este tipo de relaciones se establecen ya en la adolescencia, pueden mantenerse de por vida,* aunque alguno de los miembros tenga una relación formal.

En ocasiones **se bloquean las emociones de amor y afecto** *con la finalidad de neutralizar el compromiso,* pero en otras, aunque se manifiestan de manera abierta, los miembros no se quieren comprometer o creen que se trata de un amor imposible, y eso les hace mantener paradójicamente la relación.

Según cómo se inicia una relación de amigovios se podrá hacer un pronóstico de su futuro o incluso anticipar la calidad de la relación.

No es lo mismo cuando las personas se conocen desde hace tiempo y se ha mantenido la amistad que cuando el encuentro se produce de forma casual en una fiesta o en cualquier otro evento y difícilmente volverán a coincidir.

La libertad sexual, la tecnología, las técnicas de control de la natalidad y las estrategias de convivencia hacen de este tipo de parejas situaciones comunes para muchos.

Sí se puede establecer *un cierto vínculo temporal, pero con la plena conciencia de que éste es muy frágil y puede terminar con la desaparición de uno de los miembros como sucede en el ghosting:* ¡alejándose sin dar explicación alguna!

El perfil de los amigovios no es exclusivo de los jóvenes, pueden ser personas solteras o casadas. *Hoy en día, es una práctica más común de lo que se piensa.*

Como todas las relaciones de pareja, tiene sus ventajas y desventajas.

Ventajas

Ser amigovios puede fortalecer y profundizar una amistad.

- *Si no te gusta formalizar una relación, lo más adecuado es tener un amigovi@.*

- **No existen presiones adicionales.**

- *No tienes que ocultar en las redes sociales que estás cometiendo una infidelidad, pues se trata una relación abierta.*

- **Puedes mostrarte más abierto a la hora de preguntar cosas a tu amig@ con derechos, lo que no te atreverías a hacer con una pareja** formal. Tienes la libertad de probar cosas que no te atreves a probar con tu pareja formal.

- *No tienes que dar explicaciones de tus actos, salvo que quieras contar lo que hiciste y a dónde fuiste.*

- Sin ser intrusivo, puedes llamar o buscar a la otra persona y saber que no le vas a causar un problema, ni tampoco ella te lo va a crear.

- **No tienes un horario que respetar, ni te podrá exigir que le acompañes a algún sitio.**

- Podrás aprovechar el tiempo que tenéis, no el que os gustaría a ambos tener.

- *Disfrutarás de mucho tiempo de diversión, mientras dure la relación.*

- ***Seguirás siendo solter@ y de manera no oficial tendrás una pareja.***

- Tienes menos posibilidad de aburrirte como sucede en las relaciones formales, a las que las mata la domesticidad (todas las labores cotidianas de la casa) y la falta de inteligencia erótica.

- Como en ocasiones no es mucho el tiempo el que pasáis juntos, las diferencias y los conflictos *se minimizan y os podréis centrar más en disfrutar el lado positivo del encuentro.*

Desventajas

*Una relación de amigovios a la larga
se vuelve imposible de sostener.*

- Una vez que cruzas la línea de la amistad al contacto físico, *el trato difícilmente será el mismo.*

- Por lo general, **son relaciones cortas** y no necesariamente ambos estaréis preparados para el fin o el desapego.

- Puede ser que cambie tu interés de mantener una relación de este tipo o que no te guste después de haberlo probado.

- Si las cosas salen mal, *puedes tirar por la borda una maravillosa amistad* y terminar dejando de tener contacto con la otra persona.

- A pesar de los acuerdos, *puede ser que termines emocionalmente involucrado* y lastimado si no estás en los planes de tu amigovi@.

- *Te imposibilita conocer a más personas*, porque, si saben que mantienes una relación abierta, muy probablemente no les interese llegar alguna cosa seria contigo.

- *Puedes correr el riesgo de enamorarte,* justo por el hecho de intimar y contaros vuestros secretos.

- En ocasiones *no puedes llevar a tu amigovi@ a lugares en donde te pueden ver* o puedes crear cierta incomodidad social (familia, novio, esposo, compañeros de trabajo o amigos).

- *Este tipo de relación no está hecho para mentes conservadoras.*

- Debes mentalizarte de que *no obtendrás amor, tan sólo placer.*

- *Si llegas a involucrarte emocionalmente,* aunque el otro no lo scpa, la rclación se verá influenciada por *los celos, la inseguridad y la desconfianza por la infidelidad.*

¿Hay un futuro como pareja en la relación de amigovios?

Cuando alguna de las partes desea otra cosa,
la relación ya no se puede sostener y se termina.

La permanencia de la relación se dará en función del esfuerzo que hagan ambos miembros de la pareja para brindarse atenciones a pesar de la modalidad de la convivencia.

Una relación como ésta puede pasar al nivel de compromiso sólo si cambian los planes de vida de alguno de los dos miembros y, entonces, uno de ellos puede decidirse por establecerse con alguien más para crear un proyecto de vida en pareja.

Son relaciones que en general no tienen futuro y muy pocas son la excepción.

Una curiosidad para terminar

Amigovio: es una relación informal, sin futuro
y sin expectativas.

Desde el año 2012, el 19 de julio se celebra el Día Mundial de los Amigos con Derecho. Dicha celebración fue impulsada en un inicio como parte de una campaña publicitaria para un sexshop y luego fue adoptada por usuarios de las redes sociales, no sólo en México sino en gran parte del mundo (Ávila, 2018).

Bibliografía

APA (2010): *Diccionario conciso de psicología*, Editorial Manual Moderno, México.

Ávila, G. (2018) 19 de julio: «¿Tienes un amigo con derecho?», consultado el 12 de noviembre de 2018: www.primicias24. com/tal-dia-como-hoy/19-de-julio-tienes-un-amigo-con-derecho-hoy-es-dia-de-celebrarlo/

López, A. (2000): *Etapas del desarrollo de la pareja*, Instituto de Estudios de la Pareja, S. C., México.

Soteras, A. (2016): «Amigovios y relaciones online, las nuevas parejas del siglo XXI», consultado el 13 de noviembre de 2018: www.efesalud.com/amigovios-y-relaciones-online-las-nuevas-parejas-del-siglo-xxi/

Capítulo 4

ELECCIÓN DE PAREJA: INSTINTO VERSUS CULTURA: EL AMOR CON DIFERENCIA DE EDADES

Somos el único animal que bebe sin sed y ama sin tiempo.
José Ortega y Gasset

En el año 2009, se estrenó la serie de televisión *Modern Family*, en la que se muestra la estructura y el funcionamiento de tres familias estadounidenses. Una de ellas es la familia de Gloria y Jay, un matrimonio compuesto por una mujer joven y atractiva y un hombre maduro con un futuro económico resuelto. *Si bien es cierto que las distancias y las asimetrías en las relaciones de pareja separan a sus miembros, tarde o temprano, cualquier variable podría marcar distancia en el afianzamiento, la continuidad o el rompimiento de la misma.*

Psicopoesía
«La distancia y tu ausencia»

*Aún se encuentra grabado en el libro de mi vida
el ansia del primer encuentro por verte.*

Y, en la inmensidad del caos, fue un oasis de tiempo
sin prisa.

He volado tan alto a tu lado,
desafiando las leyes de la gravedad
comprobando que se puede soñar
y navegar sin turbulencias.

La otra cara del tiempo
es la eternidad de un segundo cuando estamos separados,
cuando el oasis se seca, cuando se vuelve un desierto
y sólo quedan trizas.

JUAN ANTONIO BARRERA

La complejidad en la composición de las parejas las hace únicas y al mismo tiempo iguales; del mismo modo que las parejas felices e infelices también tienen aspectos parecidos en lo funcional y en lo disfuncional.

El conocimiento de las neurociencias nos permite precisar que el amor se encuentra en el cerebro (neocórtex), el lugar donde se produce el pensamiento. *Si en la estructura límbica, el amor es placer y deseo sexual, su conexión con el neocórtex hace que, además, aparezcan sentimientos y deseos de compromiso para establecer los vínculos familiares o afectivos* (*Cerebro*, 2014).

Por otro lado, algunas de las variables que unen en un primer momento a las parejas son los instintos, las diferencias (*Evolución*, 2013), las personas que nos resultan extrañas o misteriosas, el misterio se asocia a la novedad y la novedad al neurotransmisor del amor, la dopamina (Fisher, 2013), las semejanzas, el trato continuo, las relaciones prohibidas, los obstáculos en la relación (efecto Romeo y Julieta) (Sangrador, 1982), la belleza o la atracción física, la equidad, la proximidad, la interacción, la simple exposición, la complementariedad, la compañía (Myers, 1991), la pasión, el erotismo, el deseo de compromiso, la idealización, las fantasías, la amistad, la intimidad, el olor del otr@ (Orlandini, 1998), los parcialismos, nuestras necesidades sociales, espirituales, afectivas, económicas, de personalidad, el propósito de formar posteriormente una familia, el sentirnos solos o incluso la edad.

¿Importa la edad en el amor?

Cada vez es más común ver a parejas que no coinciden cronológicamente, sino emocionalmente. Cada relación es única e irrepetible y todas tienen puntos a favor y en contra.

Algunos especialistas señalan que los miembros de estas parejas presentan necesidades psicológicas de las cuales no se tienen conciencia. Han señalado, por ejemplo, el hecho «de buscar en el otro la satisfacción de las necesidades propias», pero esto se presenta en casi todas las parejas: «que el otr@ me haga feliz», «quiero una pareja para no estar sol@», «quiero una pareja para que me mantenga», «quiero una pareja para que me atienda», «quiero una pareja para disfrutar de la vida», «me gustaría tener una pareja para crecer juntos y compartir»...

Ambos miembros de la pareja tienen en común que el atractivo físico y la atracción sexual no es lo fundamental o lo único que buscan.

En contra suya tienen el hecho de que la sociedad aún considera tabú que una mujer joven mantenga una relación con un hombre maduro. Y está aún más estigmatizado ver a las mujeres mayores con hombres jóvenes. **También el hecho de que algunos especialistas describen este tipo de relaciones como complejo de Edipo (conjunto organizado de deseos amorosos y hostiles que el niño experimenta respecto a sus padres) (Laplanche y Pontalis, 1993) o de Electra no resueltos. O sea que ambos miembros presentarían necesidades psicológicas no resueltas, buscando en la pareja al padre o a la madre que les hizo falta en la infancia. Sin embargo, esto podría ser sólo un mito dado que, como cualquier pareja, pueden hacer sinergia para crecer y compartir metas comunes y actuar de una manera más independiente.**

Los ciclos de convivencia en pareja pueden ir biológicamente de los 4 a los 7 años, para continuar o terminar el vínculo. *Se estima que para ese tiempo, cronológicamente, los hijos ya han alcanzado un cierto nivel de independencia.*

Psicopoesía
«Reflexión de despedida»

*En la epifanía cuántica del tiempo, descubrí la conexión
que funde y mezcla en un instante: el pasado, el presente
y el futuro.
Por ello, renuncio al amor vivido en el pasado,
para que en el presente sea más fácil soltarte.
Renuncio a los momentos mágicos del ayer,*

para que hoy sea mínimo el dolor emocional de saber que
fuiste incapaz de evitarme algunas noches de insomnio.
Renuncio a las noches de pasión vividas, aun las de grado
superlativo,
para que en el futuro la llama del deseo sea sólo un vago
recuerdo.
Renuncio a esa vieja versión romántica de mí mismo,
para que en el presente pueda encontrar la plenitud
de la entrega
y sea realmente correspondido.
Hoy renuncio a la versión mía amorosa del pasado,
para poder encontrar un nuevo camino en el presente
y construirme un mejor futuro.

JUAN ANTONIO BARRERA

Las parejas jóvenes buscan en la pareja mayor personalidad, sabiduría o superioridad cultural, poder, experiencia, protección y seguridad (este último rasgo se detecta como preferido incluso en la naturaleza en las hembras primates, la razón es que la inteligencia es un rasgo heredable) (*Somos monos,* 2013). Influyen también en el rejuvenecimiento de la pareja o aseñorándose no en el sentido negativo, sino aprovechando la madurez de la otra persona para entender su entorno. El enamoramiento femenino generalmente tiende más a la fusión que a la pasión masculina (Orlandini, 1998).

Las parejas maduras buscan en la pareja más joven, *más que la atracción del puro placer sexual, compartir lo emocional, los logros y proyectos de vida (en nuestros hermanos bo-*

nobos, compartir la comida es una forma de acercarse a la pareja, el equivalente humano sería justo compartir los proyectos, la comida y es una señal de cuidados a largo plazo) (Somos monos, 2013). Es importante destacar que en el mundo de la evolución en la elección de pareja todo lo que hacemos está hecho por y para ellas.

Y en función de cómo actuamos con ellas podemos ser rechazados o elegidos (*Evolución*, 2013).

Estas uniones tienden a fracasar si el vínculo de apego es sólo el sexo o el paternalismo a través de la protección de la otra persona y no se presenta el crecimiento de ambos en las áreas en donde se conocieron o no construyen nuevos proyectos juntos. *Sin embargo, eso también sucede en parejas en las que no hay diferencia de edades.*

Desde mi punto de vista, el éxito de este tipo de relaciones se basa en mantener una actitud positiva hacia la otra persona y entender que el proceso cronológico de vida es distinto en ambos y, si cada uno de los miembros asume y resuelve sus propias necesidades psicológicas, la relación podrá vivirse más plenamente.

Una relación de esta naturaleza, más que obedecer a patrones biológicos de supervivencia de la especie (apareamiento, renovación mejorada y mejorable de la especie y reproducción), se debe a la cultura, que en términos evolutivos es todo aquello que no hacemos por instinto, todo aquello que tenemos que aprender (ir a la escuela, leer, escuchar música, comprar ropa…). *Aunque en algunos casos existe la posibilidad de tener descendencia también.*

Sin embargo, es muy importante resaltar que por lo general «ellas son las que terminan eligiendo». Y su escala no necesariamente contempla los rasgos instintivos considerando rasgos simétricos de belleza física, sino que tienen en cuenta aspectos relacionados con la cultura como el comportamiento, la experiencia, ser un buen amante, trabajador, inteligente, tener hábitos de salud sanos, ser simpático y tener buen humor, entre otras características todas éstas suman en la posibilidad de emparejarse. **Desde esta perspectiva, ser inteligente puede resultar sexy y también seduce.**

Bibliografía

Cerebro (2014): «Cerebro el último enigma», New Atlantis, consultado el 15 de septiembre de 2014, en red: www.youtube.com/watch?v=MD5I7G9QQxs

Evolución (2013): «El juego de Dios», New Atlantis documentales, consultado el 13 de septiembre de 2014, en red: www.youtube.com/watch?v=P65vczziGgw

FISHER, H. (2013): «La química del amor», en Redes para la ciencia de Eduardo Punset, consultado el 12 de septiembre de 2014, en red: www.youtube.com/watch?v=6jN47ZTgBCc

LAPLANCHE, J. y PONTALIS, J. B. (1993): *Diccionario de psicoanálisis*. Paidós, Barcelona.

MYERS, D. (1991): *Psicología social (Atracción, simpatía y amor por los demás)*. Panamericana, Madrid.

SANGRADOR, J. L. (1982): *Interacción humana y conducta social (aula abierta)*. Salvat, Barcelona.

Somos Monos Macho Alfa Natgeo (2013): «Búsqueda de pareja», consultado el 14 de septiembre de 2014 en red: www.youtube.com/watch?v=pRa6U_qc08w

www.youtube.com/watch?v=YimJSh6JtRw

Capítulo 5

¿ESPOSOS O HERMANOS?: FIN DEL EROTISMO EN LA PAREJA

El problema no es tu presencia en mis sueños,
sino tu ausencia en mi realidad.

Rimma

Amar y ser amados es una necesidad de los seres humanos.
Y uno de los elementos más importantes en este sentido es la atrac-
ción interpersonal que sentimos, esto es, la tendencia o la predis-
posición de una persona a evaluar más o menos positivamente al
otro y, con ello, nos acercamos o alejamos de esa persona (Sangrador, 1982).

Existen una serie de factores que nos llevan como un termómetro a la atracción y que puede ir desde tener simpatía
por alguien hasta sentir un amor apasionado. Aunque, **en la**
complejidad de la conducta humana, la atracción se debe
a una multiplicidad de causas, entre la cuales destacan:

- *La proximidad física, la cual incrementa las posibilidades*
  de interacción, pues tendemos a elegir amistades cercanas
  a nosotros, tal es el caso de los compañeros de trabajo, la
  escuela o los vecinos.

- *Otros factores socialmente deseables son la belleza física, la inteligencia, la generosidad, la similitud de actitudes, la complementariedad de conductas (introvertido-extrovertido), la reciprocidad de conductas, esto es, apreciamos a quien siente aprecio por nosotros.*

Todos estos factores provocan un efecto de halo y, si evaluamos positivamente a una persona en un rasgo, lo extendemos a otros comportamientos, pero **una relación basada únicamente en alguno de estos aspectos nunca da resultado más adelante si lo tomamos como soporte para mantener viva la relación de pareja**.

En la atracción tenemos recompensas reales o esperadas y generalmente son recíprocas, pero cuando hablamos del amor debemos tener claro que es imposible amar a quien no nos recompensa en absoluto, pues en ocasiones se basa en recompensas imaginarias que el otro nos dará. Podemos decir que nos sentimos atraídos o que estamos obsesionados con alguien, pero en ese caso no podemos hablar de amar a la otra persona. Existen muchas definiciones del amor, tantas como seres humanos habitan el planeta. Sólo con propósitos pedagógicos, a continuación, se muestran algunas definiciones interesantes sobre el tema.

Se han identificado diferentes «componentes del amor» (Nadelsticher, citado en Díaz, 1996):

- **Pasión:** conformada por la interdependencia emocional, la atracción física y un nivel bajo de indiferencia.

- **Intimidad:** conformada por el altruismo, la admiración y el hecho de tenerse en cuenta.

- **Compromiso:** conformado por la baja desconfianza en el otro, el elevado respeto mutuo y la baja incompatibilidad en los objetivos de la relación.

Lee (1977) estableció algunos tipos o estilos de amor, entre los cuales destacan:

- **Eros o erótico:** con fuertes deseos de estar y tocar al ser amado, básicamente, placer sexual.

- **Ludus o lúdico:** es como un juego, agradable, sin compromiso y la mentira forma parte de él.

- **Fraternal:** sin locura, con afecto natural, tranquilo, casi un amor de hermanos, sin excitación sexual.

- **Manía:** es una mezcla de amor erótico y amor lúdico o de juego.

- **Pragma o pragmático:** es el amor por conveniencia, económica, social, emocional, o cualquier área de la vida que se quiera resolver.

- **Ágape o espiritual:** es un amor para darse al otro, de autosacrificio, reflexivo e incondicional (Lee, 1977; citado en Sangrador, 1982).

Ahora bien, según el sexólogo John Money, todos tenemos un mapa de la sexualidad que se forma desde las etapas más tempranas de nuestra infancia y guía nuestra vida futura. *Y el concepto de amor y erotismo forma parte de este mapa.*

El erotismo es el amor apasionado, el deseo sensual que entra por todos los órganos de los sentidos (oído, olfato, gusto, tacto y vista), *es todo lo relacionado con la sexualidad, con el hecho de ser hombre o mujer y no solamente el acto de contacto sexual.*

No se puede encontrar a quien no quiere ser encontrado.
ISABEL ALLENDE

El erotismo es un pilar muy importante que permite que una pareja no se convierta en una relación de hermanos, amigos, socios o compañeros de cuarto o de casa (*roomie* o *roommate*, en su versión en inglés) y, en caso de empezar a desgastarse, da pauta a que alguno de los miembros de la pareja se inicie en la búsqueda de una relación complementaria o, simplemente, pase a ser una convivencia de amigos.

Existen algunos agentes amenazantes del erotismo: *unos de orden fisiológico como* **la menopausia o la andropausia,** los cuales entre otros síntomas alteran los niveles hormonales de los hombres (la testosterona) y de las mujeres (los estrógenos) y disminuyen el apetito sexual de la pareja. O incluso **la diabetes,** en el hombre impacta en la microcirculación sanguínea que impide que se llenen los cuerpos cavernosos y afecta a la erección.

Otros agentes psicosociales amenazantes se deben a la propia convivencia de la pareja, como las diferencias entre ellos; *la rutina, la marcha de los hijos o el nido vacío, los problemas cotidianos, el cambio en las metas de ambos o de alguno de ellos, la presencia de una tercera persona o una relación complementaria, alguna enfermedad discapacitante (lesiones en la columna vertebral, por ejemplo), no poner atención en la pareja,* dedicarle más tiempo a los hijos o a la familia, la presencia de la violencia o el silencio como forma más común de comunicación, las relaciones de poder y en las que ninguno de los dos quiere ceder, los celos, dejar de ser novios y tener atenciones hacia la pareja, dejar de expresar la intimidad, los sentimientos y las emociones, suponer que la pareja ya nos conoce y sabe lo que deseamos, hacerle responsable al otro de nuestra infelicidad, las adicciones, convertirse en la madre o el padre de la pareja, no disfrutar de un tiempo de calidad como parejas, no respetar los espacios de crecimiento personal de la pareja, creer que todas las relaciones con el paso del tiempo se deterioran y se marchitan, dejar de lado los elementos positivos que unieron a la pareja, sentir apatía hacia la vida, descuidar nuestra apariencia física o los hábitos de higiene, desatender a nuestra pareja, dejar de invertir tiempo, dinero y esfuerzo en todo menos en rescatar la relación de pareja.

Psicopoesía
«El síndrome de Pita»

El estado de incertidumbre es uno de los momentos más caóticos y surrealistas que he experimentado, pero ser uno mismo la incertidumbre para otra persona es algo inenarrable.
Hace poco el gran poeta Amado Verbo fue acusado injustamente por su musa, Guadalupe Beatriz Dolores Amor.
Lola le encaró y le dijo: He descubierto que me engañas. No sigo siendo tu inspiración, ahora sólo soy para ti Guadalupe Amor. Incluso, sin querer, revisé tus notas

y ahora escribes sobre la vida, sobre los sueños,
sobre tu amigo Marcos y sobre el tiempo.
Beatriz insistía: Descubrí que tu indiferencia se debe
a que tienes un amante.
El poeta Amado Verbo respondió: Lo único que hago es
escribir sobre el universo
y parte del universo eres tú, Lolita.
Mientras tanto Pita Amor contestó: ¡Acepta por una
maldita vez que tienes a alguien más, que quieres
a alguien!
¡Tú me engañas!
Así, en la hipervigilancia que experimenta la celosa,
Amado Verbo, concluía: Una persona así es incapaz
de procesar la realidad y encuentra fantasmas en la luz,
o los crea proyectando su propia sombra.
Pita Amor insistió: ¡Terminemos de una vez con esto,
dime el nombre de la persona que amas, cobarde!
Y, tras tanta insistencia, Amado contestó
contundentemente:
¡Me quiero a mí mismo!
La respuesta de Pita Amor fue muy valiente, pero sobre
todo arrojada:
¡Lo sabía, eres un mentiroso, infiel y embustero! Sabía
que me engañabas con alguien.
Amado Verbo volvió a replicar: Pensándolo bien…,
y para ser totalmente honesto,
también estoy enamorado de la riqueza y lo sublime
de las palabras.
Y, como siempre sucede en las penumbras e irracionalidad
del mundo dantesco de la celosa, Pita concluyó:

Eres el ser más despreciable del universo, no te
conformaste con engañarme una vez, lo hiciste
cínicamente dos.
Moraleja: como decía Einstein, es más fácil destruir un
átomo que un prejuicio.
Y, si tu pareja tiene el síndrome de Pita, es mejor alejarte
del infierno.

JUAN ANTONIO BARRERA

Podemos convertir todo este desgaste natural por el que pasan todas las parejas en un espacio de crecimiento, entendimiento, respeto, atenciones, solidaridad, empatía, compañía, honestidad, comunicación y renacimiento del amor.

El erotismo puede ser un motor fundamental para rescatar la relación de pareja, pero necesitamos saber que tanto factores fisiológicos como psicosociales atentan contra éste y, en consecuencia, contra la pareja.

El rescate del erotismo es responsabilidad de ambos, pero en ocasiones uno de los miembros no desea más este rescate y, simplemente, todo se detiene.

Su rescate no sólo representa tener una actitud positiva hacia el ser amado, sino que también debería ser una actitud hacia la propia vida.

Otro aspecto colateral es que en la normalización del fin del erotismo en la pareja no se vislumbra que significa un modelo disfuncional y patológico, que más tarde podrán seguir los hijos, pues la pauta se normalizará. Educamos a los hijos con el ejemplo, y en algún momento esta actitud les podrá afectar.

Aunque toda la vida está hecha de ciclos y, tarde o temprano, el erotismo podría morir en la relación de pareja, este proceso se puede acelerar. Hacer lo mismo todo el tiempo (domesticidad o todas las tareas rutinarias del hogar) desgasta incluso hasta los pilares más sólidos y el primer paso para cambiar es crear la conciencia que necesitamos prepararnos para mantener viva la llama del deseo y del amor.

Sugerencias para el cambio

> *Para las mujeres el mejor afrodisíaco son las palabras.*
> *El punto G está en los oídos; el que busque más abajo*
> *está perdiendo el tiempo.*
> ISABEL ALLENDE

- *Date un tiempo para disfrutar con tu pareja independientemente de la convivencia con tus hijos, la familia o los amigos.*

- **Visita una sexshop donde puedes encontrar juegos y juguetes divertidos.**

- *Permítete hablar de tus deseos y emociones relacionados con tu propia pareja.*

- **Reaprender a tocarse y explorar el cuerpo de la pareja como si fuera la primera vez.**

- *Si nos vestimos para ir a trabajar, también nos podemos vestir para amarnos y encender la llama de la pasión.*

- Puedes iniciar una conversación erótica mediante los correos electrónicos o los mensajes del móvil, pero evita dejar tu ordenador o tu teléfono para que la intimidad la vivas sólo con tu pareja. Y borra todo el material que hayas producido para evitar problemas futuros.

- *Si antes no has tomado la iniciativa para iniciar un contacto íntimo, ahora es el momento para hacerlo.*

- Daos la oportunidad de salir a los lugares que ibais cuando iniciasteis la relación o a otros nuevos (cine, teatro, bar, hoteles, SPA o a algún lugar de descanso, por ejemplo).

- *Si has intentado reavivar el erotismo y no te ha funcionado, es conveniente buscar la ayuda de un terapeuta experto.*

Capítulo 6

LA PAREJA EN EL CONFINAMIENTO: ¿ILUSIÓN, PASIÓN O DECEPCIÓN?

> *Quédate conmigo hoy, vive conmigo un día y una noche*
> *y te mostraré el origen de todos los poemas.*
> WALT WHITMAN

> *Descansa en la razón, muévete en la pasión.*
> KHALIL GIBRAN

> *Me enamoré de verdad hasta un punto de no retorno,*
> *pero dolorosamente me desenamoré al descubrir la verdad*
> *de tu mentira.*
> JUAN ANTONIO BARRERA

Antecedentes

Las relaciones sociales nos hacen humanos. *Las interacciones sociales en sus diferentes modalidades también nos permiten vivir, cercanos o lejanos, juntos o separados.* Vivir en pareja en sus diferentes modalidades forma parte de un ciclo de vida, y existen personas que lo ven como un proyecto social, una manera de convivencia, una ilusión, una pasión o una desilusión y decepción al mismo tiempo.

Cada relación de pareja tiene lo que llamamos singularidad, esto es, cada combinación que existe en el planeta **es única, pero tienen elementos en común**.

A continuación, se describen a grandes rasgos algunas de las características de vivir en pareja en tiempos de confinamiento.

Cuando se escribe algo, existe el riesgo de hablar de todo y al mismo tiempo perderse y no hablar de nada, para ir marcando los límites me limitaré a hablar de las parejas heterosexuales, ya que en otro momento con gusto podré hablar de la diversidad en la elección de pareja.

Un universo dentro de un microcosmos

Uno de los errores más comunes que hemos cometido cuando hablamos de la pareja es conceptualizarla como si fuera simplemente la suma de dos personas en lo bueno y en lo malo. A eso le llamamos las relaciones de pareja. *Sin embargo, desde el punto de vista del pensamiento complejo, vamos a observarla como un sistema donde existe orden y desorden. No te espantes, amigo lector, abordaré este tema con un formato simple. La estrategia es simple en la pareja, el todo no es la suma de las partes, las partes no son el todo porque además se ven influidas por otras personas desde el exterior del sistema y no vamos a conocer «todo de la pareja».*

Sin embargo, conectaremos lo aparentemente separado. Cada elemento de la pareja está junto y al mismo tiempo separado. ¿Qué quiere decir esto? Pues que cada miembro de la pareja es un microcosmos, que vive dentro del cosmos, ambos son similares, pero al mismo tiempo diferentes.

Existen dos grandes realidades en este universo: unas parejas están juntas y otras separadas.

Sin embargo, el escenario no es tan sencillo: algunas parejas viven juntas, pero están física y emocionalmente separadas; otras permanecen juntas física y emocionalmente; las hay que están separadas, pero emocionalmente juntas; otras están separadas en lo físico y lo emocional. En fin, las combinaciones son muchas.

Psicopoesía
«Respirar sin prisa»

*En mi libertad, he decidido voluntariamente
ser esclavo de tu sonrisa.*

*No necesito hacer una promesa al viento,
porque es el aire de tus pensamientos el que nutre mi
alma.*

*Tampoco es la pasión intensa la que me hace estar
a tu lado,
sino la paz de tu mano,
que detiene el tiempo y me permite vivir sin prisa.*

*Es cerrar los ojos y respirar la imagen de tu esencia,
para sentir la playa, la arena, el sol y la brisa.*

JUAN ANTONIO BARRERA

Y en ese contexto es muy importante destacar los antecedentes de ambos miembros de la pareja porque ello determinará el pronóstico para que la relación pueda vivirse bien, mal o regular en este tiempo. Pensemos que las circunstancias previas son universos que les influyen. ¿Cómo se conocieron?, ¿Qué esperan de la pareja?, ¿Qué tan sana o conflictiva es la relación?, ¿Cuáles son las expectativas que se tienen con respecto a la otra persona?, ¿Cada uno de los miembros tiene ciclos emocionales sin resolver que se les pueden revertir en el presente o en el futuro?, ¿Qué tipo de problemas han enfrentado?, ¿Se vislumbra o no un futuro en pareja?, ¿Las circunstancias actuales les ha puesto a prueba, no sólo con el uso de la tecnología?, ¿Sus experiencias son realistas o están cargadas de mucha ilusión o bien fantaseadas?, ¿Hacen actividades juntos, no importa si están juntos o separados?, ¿Han llegado al aburrimiento o el hastío?, ¿Cómo viven el erotismo y la pasión?, ¿Una vez terminado este tiempo, estarán juntos o separados, o les dejará una ola de confianza o desconfianza? En fin, la lista es interminable. Una primera aproximación basada únicamente en la probabilidad es que las parejas que estaban bien, juntas o separadas, les va bien y les irá bien una vez terminado el confinamiento. El mismo criterio sirve para quienes les va más o menos mal. Sin embargo, puede haber sorpresas agradables o desagradables.

Psicopoesía
«La adversidad del confinamiento»

Ni la oscuridad, ni el aislamiento,
ni la ignorancia, ni los rumores, ni la envidia,
ni la lluvia intensa, ni los tornados fueron capaces
de poner distancia entre tú y yo.

La razón fue muy sencilla:
aun en la lejanía y el confinamiento
la luminiscencia de nuestro amor va más allá
de cualquier adversidad.

Juan Antonio Barrera

Las etapas de la pareja

En la vida de pareja influye la temporalidad: no es lo mismo cuando estamos iniciando una relación, cuando llevamos más tiempo o bien toda una vida. **La visión de la pareja cambia a lo largo del tiempo.** *Y las estrategias para quienes desean construir una vida juntos podrán estar cargadas de ilusiones, desilusiones, pasiones o decepciones.*

«Entre psicoterapeutas no está bien visto estar enamorado. El enamoramiento se considera como un estado de ilusión, de distorsión proyectiva, incluso como un brote psicótico o maniforme; en definitiva, como un estado en el que se pierde el sentido de la realidad y en el que es imposible hablar con los afectados con argumentos racionales» (Willi, 2004, pág. 21).

«Y lo que vivimos en la actualidad corresponde a etapas de las que incluso no somos conscientes que forman sus antecedentes como la impronta familiar, la compulsión a la repetición, la relación de pareja de nuestros padres, la forma como vivimos las relaciones de pareja en la adolescencia, cuando vivimos juntos, si tenemos hijos, o si estamos en la etapa del nido vacío» (López, 2000, pág. 6).

Los programas del amor

Hay besos que producen desvaríos
de amorosa pasión, ardiente y loca,
Tú los conoces bien, son besos míos
Inventados por mí, para tu boca.

«Besos», Gabriela Mistral
(Fragmento)

De acuerdo con la antropóloga Helen Fisher (2009), las parejas atraviesan tres programas de amor, relacionados con la pasión, la pertenencia y la convivencia.

1. **Amor pasional, impulso sexual o lujuria:** se caracteriza por la práctica del sexo, la atracción sin apego ni compromiso evolucionó para que saliéramos en busca de una pareja. Sin este programa, no existiría la vida en la Tierra.

2. **Amor romántico o atracción:** además del sexo, se presenta el apego, el altruismo, la confianza, la empatía positiva, la unión emocional y el compromiso con la pareja.

3. **Amor filial y apego:** además de los elementos del programa anterior, se presenta el compromiso con la pareja para crear un proyecto de vida y crecimiento juntos, así como el cuidado de la descendencia.

Vemos que aparece una constante en los programas del amor: el sexo. *Si los tres programas funcionaran con una misma* *pareja, esto sería realmente un poema de vida.* Nos gusta nuestra pareja, la deseamos, vivimos un amor romántico y tenemos una relación a largo plazo, esto es casi como un cuento de hadas.

Sin embargo, existen variaciones en este sentido, se puede tener una relación de lujuria con una persona, una relación romántica con otra y una relación de largo plazo o apego con otra más.

No sólo eso, en los trucos que nos presenta el amor y el deseo aparecen variaciones que irían de un extremo a otro:

- Te amo y te deseo.
- Te amo, pero no te deseo.
- Te deseo, pero no te amo.
- No te amo y no te deseo.

Cada una de ellas tendrá diferentes tipos de consecuencias. **«El deseo es la motivación o el interés en el sexo.** *La falta de deseo masculina suele estar provocada por aspectos psíquicos como el malestar con la pareja, inseguridades, los estados depresivos o el estrés. La pérdida progresiva de deseo puede estar asociada a una menor segregación de la testosterona y es un proceso normal en el envejecimiento»* (Estupinyà, 2013, pág. 62).

Deja que mis dedos corran
por los caminos de tu cuerpo…

¡Yo sólo te deseo, yo sólo te deseo!
No es amor, es deseo que se agosta y se extingue.

«Déjame sueltas las manos», PABLO NERUDA
(Fragmento)

En general, se distinguen dos tipos de amor románti-co encontrados en todos los estudios: **el amor apasionado y el amor de compañía**. *El amor de compañía es un tipo de amor romántico de desarrollo más lento y duradero que surge de una sensación de certidumbre en el amor y el respeto mutuo. El amor apasionado, impulsado por el sexo, y el amor de compañía, impulsado por el compromiso, pueden haber evolucionado para satisfacer diferentes necesidades humanas* (Franzoi, 2017, pág. 471).

Los lenguajes del amor

Las parejas viven realidades o universos únicos no sólo cuando eligen una pareja, sino también cuando conviven, *esto incluye lo que el psicólogo Gary Chapman (2017) llama los lenguajes del amor. Existe uno que es el predominante y, si coincide con el de la pareja, es parte del pegamento social que permite una cierta permanencia*:

1. **El contacto físico.**
2. **Las palabras de afirmación.**
3. **Tiempo de calidad.**
4. **Los regalos.**
5. **Los actos de servicio.**

Es una forma en la que nos sentimos cómodos al expresar nuestro amor, por lo que **resulta importante reconocer el lenguaje propio y el de tu pareja.**
En la mayoría de las personas, el contacto físico es tan importante que, si cesa, significa materialmente la muerte

del amor, por todos los beneficios que se dejan de tener y condena, casi siempre, al final del ciclo de pareja. Su presencia es tan importante debido a que baja los niveles de estrés, aligera el día o produce una sana sensación de descanso que nos lleva al sueño profundo, lo que se conoce como «narcolepsia poscoital».

El contacto íntimo genera oxitocina, la hormona de la paz, la relación, la sanación y el descanso. Produce mayor cercanía, física y emocional con la pareja. Libera endorfinas, analgésicos naturales que nos ayudan a mitigar el dolor físico y emocional. Fortalece el sistema inmunológico. Ayuda a quemar calorías. Te rejuvenece y tu piel luce mejor y más saludable. Baja los niveles de ansiedad. Aumenta tus niveles de dopamina, la hormona del placer, y te hace sentir más feliz, por lo tanto, ayuda a las personas que padecen depresión. Mejora la memoria. Reduce la posibilidad de que se produzcan accidentes cardiovasculares. Fortalece los huesos. Disminuye los problemas de incontinencia. Protege del cáncer de próstata.

El contacto físico es posiblemente en el lenguaje del amor el que se interpreta con mayor agravio si se descubre que nuestra pareja ha tenido contacto con alguien más que no somos nosotros. El dolor emocional es profundo y la intimidad desaparece cuando somos conscientes de que nuestro cónyuge está involucrado sexualmente con otra persona.

Para algunos terminará en la separación y para otros, a pesar de lo complejo, en la reconstrucción o reparación de la pareja (Chapman, 2017, pág. 115).

Parejas juntas o separadas

Hay dos clases de personas: las que prefieren estar tristes acompañadas, y las que prefieren estarlo solas.
NICOLE KRAUSS

Encontraremos también muchas variaciones en las parejas:

- **Parejas juntas:** existen parejas juntas que se llevan muy bien, otras regular y otras mal o muy mal. Algunas de esas parejas tienen otra pareja complementaria y a quien no pueden ver. Existen parejas que viven juntas, pero que emocionalmente ya están desconectadas o a punto de hacerlo.

- **Parejas separadas:** existen parejas que no tienen un hogar propio de convivencia, otras en las que cada una tiene su hogar pero que, por razones geográficas o laborales, no pueden verse, otras que sólo se ven el fin de semana. También la hay que ya tienen otra pareja, pero que por continuar con su pareja oficial no se pueden ver.

En fin, las combinaciones son muchas y cada una de ellas diferente.

Existen numerosos elementos mediados por el uso de la tecnología que también podrían estar presentes en la convivencia cotidiana:

- **Para las parejas que están juntas:** el *phubbing (ignorar a la pareja y distraerse con el teléfono móvil o con cual-*

quier otro dispositivo electrónico), **el** *pocketing* (*cuando tu pareja te mantiene al margen de su vida social y sólo te tiene en cuenta en su vida íntima*).

- **Para las parejas que están separadas: el** *searching* (la búsqueda de una persona con la posibilidad de tener una aventura o establecerse en el amor, a través de las redes sociales), **el** *ghosting* (la persona en cuestión te deja de buscar y desaparece de las redes sociales sin dar explicación alguna), **el** *breadcrumbing* (tu pareja te mantiene en las redes para que no te vayas y sólo te da migajas de amor), **el** *benching* (materialmente, pasas todo el tiempo en el banquillo), **el** *clicking* (cuando te dan de baja o de alta temporal en las redes sociales y en el teléfono: no te sueltan, pero tampoco te dejan) y **el** *zombieing* (cuando alguien te deja sin motivo alguno –*ghosting*– y de repente reaparece y te vuelve a buscar como si nada hubiera pasado). Estos dos últimos se aplican a ambos tipos de parejas.

Alternativas

Amar es encontrar en la felicidad ajena tu propia felicidad.
GOTTFRIED LEIBNIZ

- **Para las parejas que están juntas:** *establecer proyectos juntos y separados, cocinar, redistribuir las tareas del hogar* (cuidado de los hijos, la limpieza, las compras, el pago de las cuentas, etc.), *dedicar tiempo al trabajo de cada uno. Considerar como medida de prevención que*

81

no todo el tiempo se pueden hacer las actividades juntos (amor fusión), *ni tendrán siempre los mismos gustos. De la misma manera, considerar que la convivencia durante las 24 horas genera estrés y eso desgasta la relación.*

- **Si las parejas se llevan mal**:
  —**Establecer una tregua** para sobrevivir y tomar la decisión de permanecer o no juntos una vez que se hayan calmado los estados emocionales.
  —**Tener espacios exclusivos y privados**, hasta donde sea posible.
  —**No ofender a la otra persona** y hablar del contexto que les enoja sin ofender.
  —Colaborar como si fueran rumis.
  —**Si existiera algún tipo de violencia pedir auxilio a las autoridades, amigos o familiares.**

- **Para las parejas que están separadas:** *con todas las precauciones el sexo virtual, elegir algún proyecto para desarrollar e ir mostrando los avances* (alguna manualidad, por ejemplo).

- **Ambas:** *leer conjuntamente, hacer videojuegos en línea, hablar de los sentimientos y las emociones que les ha generado esta separación, poder sopesar juntos los aspectos positivos y negativos de la relación, y planear el diseño de la nueva relación de pareja por venir, desarrollar nuevas actividades, cerrar sus ciclos emocionales, ya sea juntos o separados.*

Lo que nos espera

Son muchos los elementos que desgastan a la pareja (la manipulación emocional, la traición, tener objetivos de convivencia distintos, la codependencia, la violencia de diferentes tipos, la comunicación distorsionada, las adicciones, la falta de respeto, la monotonía en la pajera, las labores del hogar –domesticidad–, la intromisión de la familia o de un amante, el descuido del aspecto físico, etc.), entre los más importantes son los conflictos no resueltos. Sin embargo, las estrategias no son tantas:

- *Cambiar ante el conflicto por uno mismo.*
- *Cambiar ante el conflicto por parte de ambos.*
- *Querer cambiar al otro en el conflicto.*
- *Separarse emocionalmente por desvinculación afectiva.*
- *Mantenerse juntos pero separados a pesar del conflicto.*

El pronóstico para saber si saldremos bien o mal librados de esta etapa, es multifactorial, pero puede resumirse de la siguiente forma:

- **En lo positivo:** Las relaciones románticas son más felices cuando la proporción entre las recompensas y los costos es similar para ambos compañeros. *Las parejas que se idealizan mutuamente tienden a tener relaciones más felices que las que tienen visiones más realistas.* Recibir apoyo social del compañero incrementa la satisfacción y el compromiso con la relación.

- **En lo negativo:** Las parejas aquejadas de problemas a menudo no son capaces o no están dispuestas a terminar la expresión de emociones negativas de uno hacia el otro. *Los perdedores en el amor se desempeñan mejor cuando tienen una red social de apoyo* (Franzoi, 2017, pág. 480).

Reflexión final

- **La relación de pareja,** como se ha podido observar, **no es la simple relación de uno con el otro,** sino que es, como sucede en la física cuántica, saltar de un universo a otro (programas del amor, inteligencia erótica, problemas derivados con el uso de la tecnología, las etapas de la pareja, etc.), en ocasiones sin previo aviso. Cargada con la unicidad y la singularidad de cada díada. **Son sistemas que interactúan entre ellos mismos, pero que también se ven influidos por los sistemas externos.**

- El amor no es pasar 24 horas del día juntos, ni hablando, ni haciendo las mismas actividades. *Es aplicarse para planear un mejor futuro construyendo un mejor presente.* **Las relaciones se ponen a prueba en la adversidad.** Ante la domesticidad (las labores del hogar), practicar la inteligencia erótica. «La inteligencia erótica consiste en crear cierta distancia para luego hacernos cobrar vida en ese espacio (Perel, 2007, pág. 64).

- **Aprender a desarrollar la inteligencia emocional para salir bien librados.**

- La personalidad y la resiliencia con la que se levante la pareja será muy importante, así como el hecho de mantener una actitud positiva para enfrentar la presente situación.

- *Podemos imaginar, como en la teoría de las cuerdas, que las relaciones de pareja pueden saltar al vacío o de un universo a otro: de la domesticidad, al conflicto, a la resiliencia, a la presencia de un tercero, incluso a conectarse con los ciclos emocionales no resueltos de cada uno y también como pareja.*

Bibliografía

CHAPMAM, G. (2017): *Los 5 lenguajes del amor*. Editorial Unilit, China.

ESTUPINYÀ, P. (2013): *La ciencia del sexo*. Editorial Debate, México.

FISHER, H. (2009): *¿Por qué amamos?* Editorial Taurus, México.

FRANZOI, S. (2017): *Psicología social*. Editorial McGraw Hill, México.

PEREL, E. (2007): *Inteligencia erótica (Claves para mantener la pasión en la pareja),* Editorial Diana, México.

WILLI, J. (2004): *Psicología del amor*. Editorial Herder, Barcelona.

Capítulo 7

¿POR QUÉ NO TENGO LA PAREJA QUE QUIERO?

> *La fusión de dos personas en una da como resultado dos medias personas.*
> WAYNE DYER

> *Los hombres y las mujeres a veces descubren que es difícil encontrar a la pareja deseable para el matrimonio. Esto puede ser cierto. Pero hay otro componente en la situación: no es suficiente encontrar a la persona adecuada, nosotros debemos ser la persona adecuada.*
> H. JACKSON BROWN

- En su boda, Felipe comentaba en el brindis: «*Estoy muy contento porque he encontrado a María, ¡el amor de mi vida!*». Mientras tanto, María decía: «*Me ha tocado la lotería con Felipe, ¡no podría vivir sin él, nunca pensé que un día podría encontrar a mi media naranja!*». A los pocos meses de convivencia ambos se han dado cuenta de la realidad y un año después están separados. ¡Cualquier parecido con la realidad no es coincidencia!

Todos en la vida tarde o temprano nos haremos una serie de preguntas, sin que seamos filósofos griegos:

- ¿Quién soy?
- ¿A dónde voy?
- ¿Con quién voy?

Esta última corresponde a la elección de una pareja. **Vivir en compañía es una decisión muy importante que, generalmente, se toma a la ligera** *y casi siempre está rodeada de una atmósfera enrarecida por muchos factores, como veremos a continuación.*

¿Cómo te gustaría que fuera tu pareja?

Detrás de la palabra María se encuentra la boca que borra todas las cicatrices, la cara que atiende directamente las instrucciones que le da el verano. Es una palabra que castiga a la melancolía, que la saca al primer beso de mis cuadernos y que anula otras palabras como decepción, condena, sed, ausencia, venganza. Las borra todas cuando acerca su boca hasta mi sexo y asciende preguntando si me gustó.
«La palabra María», MARWAN
(Fragmento)

Cada persona es única en sus elecciones y cada pareja en general también decide a qué tipo de pareja desea unirse. No existe una receta de cocina, pero en lo que se conoce como «**deseabilidad social**», todo el mundo cuando realmente tiene la intención de tener una pareja se porta verdaderamente con mucha amabilidad.

La deseabilidad social en psicología se conoce también como autopresentación, y se dice que toda persona expre-

sa actitudes que guardan relación con su modo de obrar, para no parecer totalmente incoherente. *Aspirando a conseguir la aprobación de los demás, finge actitudes que no son realmente suyas, con tal de parecer consistente. Aun a costa de un poco de falsedad o de hipocresía, puede valer la pena controlar la impresión que causamos (Myers, 1991).*

La deseabilidad social hace que mostremos nuestra mejor cara a la persona amada e incluso somos muy comprensivos y cooperativos. En este universo nada está suelto, en nuestro cerebro en relación a la deseabilidad social, también se empieza a producir una sustancia que se **llama feniletilamina, un neurotransmisor químico que nos hace muy colaboradores e inhibe el hambre.**

La feniletilamina es una droga natural que el propio cuerpo fabrica y que estimula al sistema nervioso. Es la sustancia bioquímica responsable del amor y que, ante el enamoramiento, o la sobreexcitación, el cuerpo aumenta su producción, tanto así, que se encuentran cantidades elevadas de **feniletilamina en la orina durante la etapa del enamoramiento (Feniletilamina, 2009).**

No sólo se mezclan elementos psicológicos sino algunos mitos o falsas creencias relacionadas con la pareja, que a fuerza de repetirse se convierten en una realidad que enturbia las relaciones y terminan convirtiéndose en verdad.

Un mito es un relato fabuloso destinado por lo general a brindar de lo real una explicación suficiente para una mentalidad primitiva. Otra definición es: nombre de todo lo que no existe, y subsiste únicamente teniendo la palabra por causa (Merani, 1979).

Los mitos y las falsas creencias abarcan desde la vida maravillosa que se vive una vez que se está en pareja, la

sexualidad interminable, el amor incondicional, la convivencia sin problemas con los hijos, etc. No existe un solo resquicio de nuestras vidas (el dinero, el amor, el cuidado de los hijos, las relaciones sexuales, la distribución de las tareas cotidianas del hogar o domesticidad, las vacaciones…) en donde estén ausentes los mitos y, desafortunadamente, nuestra propia ignorancia los fortalece aún más.

Algunos ejemplos son: «Si nuestro amor es verdadero, el sexo entre nosotros será siempre maravilloso», «Yo seré el/la mejor amante que jamás hayas tenido», «El amor en la pareja lo puede y lo perdona todo», «Si no siento celos en mi relación, es que no amo de verdad a esa persona», «Una persona que ama verdaderamente a su pareja nunca le será infiel», «La dureza es uno de los rasgos masculinos de mayor valor», «Los hombres no lloran», «Él/Ella me hará feliz».

El mito de la media naranja

No busques con quien dormir,
busca con quien valga la pena despertar.

Encontrar verdaderamente a la media naranja es también un mito y tiene consecuencias más negativas que positivas. Por un lado, al encontrar una media mitad supone que nosotros estamos incompletos y necesitamos de alguien más para ser feliz, esto es, somos seres incompletos y es responsabilidad de la pareja cubrir nuestras expectativas, así es labor del otro completarnos. Por otro lado, si nuestra pareja está incompleta nosotros seremos los responsables

de hacerle feliz. Sumando esfuerzos de esta manera somos seres incompletos y la pareja terminará haciéndonos más incompletos aún. Es una gran mentira eso de: «Tú y yo somos uno mismo».

Debido a que nadie es «el complemento perfecto» de nadie, sólo puede existir la «ilusión de completud» que, finalmente, se troca en desilusión. Tanto la mujer como el hombre en algún momento desencantarán al otro porque es imposible encajar del todo en los deseos del otro. Para evitar el surgimiento del odio se hace necesario aceptar que el otro es diferente, que tiene faltas y que es imperfecto (Orlandini, 2004).

Todo el mundo tenemos la pareja que buscamos

Las 4 leyes espirituales de la India

PRIMERA LEY:
«LA PERSONA QUE LLEGA A TU VIDA
ES LA PERSONA CORRECTA».

Es decir que nadie llega a nuestras vidas por casualidad, todas las personas que nos rodean, que interactúan con nosotros, están ahí por algo, para hacernos aprender y avanzar en cada situación. Cada persona en la vida es un maestro. Y claro está, en algunos casos, somos alumnos y en otros, maestros. Siempre a lo que nos resistimos persiste en nuestra vida, así que ésta nos seguirá poniendo personas de quienes algo no soportamos, algo para aprender y hasta que no lo aprendamos no nos graduaremos en ese aspecto (The Secret, s/f).

Esta afirmación puede parecer muy categórica y terrible sobre todo cuando emocionalmente nos resulta muy costoso convivir con alguien en el terreno sexual, psicológico, social, económico, espiritual, familiar... *Pero la vida se basa en elecciones y muchas veces elegimos quejarnos constantemente por no tener la pareja que tenemos.* Los problemas en la vida tienen un formato muy simple. ¿Piensa en aquellas cosas que para ti en la relación de pareja son un problema? Ahora, amigo lector, voy a adivinar ¿por qué los tienes? Éstos se deben a que «no queremos perder lo que tenemos» o «anhelamos aquellas cosas que no tenemos». ¿Magia? ¡No!, así funciona nuestro cerebro.

El deseo es la más poderosa fuerza motivadora de la vida humana, las acciones humanas brotan de los deseos humanos, por lo que existen dos razones por las cuales una persona se siente impulsada para hacer algo:

1. Para obtener algo que desea y no tiene.
2. Para evitar perder algo que posee y desea conservar (Reilly, 2000).

¿Por qué en ocasiones nos quejamos de no tener a la pareja que deseamos?

Las personas te quieren como les enseñaron a querer,
no como quieres que te quieran.

El origen de este vacío tiene relación con:

- **Los aprendizajes de nuestra familia de origen, los modelos aprendidos en la propia familia.**

- Nuestras propias carencias afectivas de personalidad.

- *En ser incapaz, una vez que estamos en pareja, de pensar en pareja: predomina el egoísmo de uno de los miembros sobre la empatía.*

- Por la forma como nos explicamos las cosas que suceden en nuestra vida, **culpando a los demás de nuestras elecciones** (locus de control externo) **y difícilmente haciéndonos responsables de nuestras decisiones** (locus de control interno) (Myers, 1991).

- *Muchas veces nos da un miedo terrible hacernos responsables de nosotros mismos.*

- **Llegamos a depositar nuestras expectativas de felicidad en la pareja, cuando esto es una labor puramente personal.**

- *Ninguna persona que se sienta insatisfecha consigo misma puede ser capaz de convivir en pareja, pues, aun ofreciéndole condiciones favorables, tratará de ver en él/ella los aspectos negativos.*

- A veces me siento la última Coca del desierto y que nadie me merece, esto es, **me siento superior a mi pareja y creo que al estar con él/ella le hago un favor.**

- Los patrones psicológicos, sociales, de belleza o culturales hacen crisis en mi cabeza y me obligan a cuestionarme la conveniencia de seguir con mi pareja.

- *En ocasiones desde el inicio de la relación no estaba realmente convencido de estar con mi pareja actual, es decir, no tenía realmente un compromiso.*

- **Si idealizamos a la pareja, al fracturarse esas expectativas sufriremos mucho.** «Cuando más alto volamos nos duele más la caída», como dice la canción de Alberto Cortez.

La confrontación con la pareja

Las 4 leyes espirituales de la India

SEGUNDA LEY:
«LO QUE SUCEDE ES LA ÚNICA COSA QUE PODÍA HABER SUCEDIDO».

Nada, pero nada, absolutamente nada de lo que nos sucede en nuestra vida podría haber sido de otra manera. Ni siquiera el detalle más insignificante.
No existe el: «Si hubiera hecho tal cosa, hubiera sucedido tal otra…».
No. Lo que pasó fue lo único que pudo haber pasado, y tuvo que haber sido así para que aprendamos esa lección y sigamos adelante.
Entonces la cuestión es no amargarnos ni arrepentirnos de lo que hicimos y saber que, como sólo tenemos una vida, lo hecho, hecho está. Y así, gracias a lo vivido, está en nosotros no tropezarnos dos o tres veces con la misma piedra y tomar el camino correcto.

Las parejas reales, de carne y hueso y pelusa en el ombligo, son personas con virtudes y defectos, y sí existen. **Mientras que las parejas ideales son de apariencia, son personas que tratan de ocultar su condición de seres humanos, se refugian en la apariencia.**

La descripción del desenamoramiento resulta el reverso de la expresión del amor, y se manifiesta como:

- Sentimiento de falta de algo, de que falla algo y de que no se es feliz con la pareja actual.

- **Se evita mirar, escuchar y tocar a la pareja.**

- *Se olvidan las experiencias placenteras con el amante que se ha dejado de querer, y se reemplazan por una historia en la que se selecciona lo amargo y lo desgraciado.*

- **Ausencia de fantasías románticas y placenteras con la pareja,** y aparición de ensoñaciones con escenas desagradables con ella. Incluso pueden aparecer fantasías eróticas con terceras personas.

- *Omisión de gestos de ternura, elogios o regalos, y desatención de las necesidades espirituales o domésticas del otro.* Incluye la desatención física o emocional.

- **Pérdida de la alegría que significaba el encuentro con la pareja.**

- *Escasez de comunicación, y expresiones de odio como burlas, ofensas, quejas y recriminaciones.*

- Manejo de las situaciones para evitar compartir el tiempo en común.

- «El amor es reemplazado por expresiones de aburrimiento, indiferencia, tristeza, ansiedad u odio» (Orlandini, 2004).

¿Por qué veo cualidades en mi pareja que realmente no tiene?

Psicopoesía

«¡Contemplando tu suspiro!»

Sólo cuando estás enamorado
tienes la capacidad de ver más allá del horizonte.
Y sabes que el tiempo transcurrido
entre la puesta del sol y el ocaso
corresponde a un suspiro a tu lado.

JUAN ANTONIO BARRERA

- **Porque idealizo a mi pareja.**

- **Porque vivo una relación de codependencia que me ciega y no puedo ver la realidad de la relación.**

- Porque soy incapaz de reconocer que mi pareja es un ser humano como yo con sus virtudes y defectos.

- Porque tengo miedo a enfrentar mi soledad.

- Porque estoy acostumbrado a quejarme la mayor parte del tiempo (hacer el papel de víctima).

- Porque interiormente no me quiero y no me respeto.

- Porque tengo una autoestima muy baja.

- Porque no me conozco como persona interiormente.

- Porque no soy consciente de que la felicidad es una tarea interior. No es una meta sino un camino, pero deposito mi felicidad en mi pareja.

- Porque no sé establecer relaciones de compromiso. Y elegí con precisión quirúrgica a la persona pareja que no se comprometerá nunca conmigo.

- *Porque creo que nadie en este mundo podría entenderme, sólo la pareja actual que tengo.*

- Porque creo que no existe realmente nadie que se pueda llevar medianamente bien (proyección) conmigo.

- *Porque me parece normal vivir en un pleito continuo.*

- *Porque no sé construir mi propia felicidad.*

- Porque más vale malo por conocido que bueno por conocer.

- Porque supongo que en el sexo nadie más podría entenderme.

- Porque soy incapaz de reconocer que elegí mal a mi pareja.

- Porque he construido una imagen social que no voy a destruir sólo por cambiar de pareja.

- Porque ya tenemos hijos y no voy a dejarlos sin su padre/madre.

- Porque si terminamos, no soy independiente o no tengo a dónde ir.

- Porque tenemos proyectos materiales que a mí me han costado y no voy a dejarlos en manos de alguien más (un/una amante).

- Porque, pensándolo bien, todos los hombres/todas las mujeres son iguales.

Sin embargo, la belleza está en los ojos del observador y... ¡siempre hay un roto para un descosido!

Sugerencias para el cambio

Las 4 leyes espirituales de la India

TERCERA LEY:

«EN CUALQUIER MOMENTO QUE EMPIECE ES
EL MOMENTO CORRECTO».

Todo empieza en el momento indicado, ni antes, ni después. Cuando estamos preparados para que algo nuevo empiece en nuestras vidas, es ahí cuando empezará.
Ésta nos deja claro que lo que pasó te fortaleció y es entonces cuando debe llegar lo que esperamos o el Universo, la Vida, Dios, la Energía, nos sorprende con algo mucho mejor. Todo lo que nos sucede es lo que atraemos, seamos conscientes o no.

CUARTA LEY:

«CUANDO ALGO TERMINA, TERMINA».

Así es. Si algo terminó en nuestras vidas, es para nuestra evolución, por lo tanto, es mejor dejarlo, seguir adelante y avanzar ya enriquecidos con esa experiencia.
Así de simple, no hay que darle muchas vueltas: borrón y cuenta nueva. Para qué complicarse y caer en estados de tristeza y depresión por lo que ya no es. Hay que avanzar de la manera que la vida nos pone en el camino.
«Si un día tienes que elegir entre el mundo y el amor, recuerda: Si eliges el mundo te quedarás sin amor, pero si eliges el amor, con él conquistarás el mundo».

- **Todo lo que se resiste, persiste.**

- *Cuanto más altas son las expectativas con respecto a la pareja y no se cumplen, mayor es el dolor y la frustración que se experimenta.*

- **La relación es como un jardín que necesita ser cuidado y cultivado por ambos miembros. Si no sientes que te quieren o necesitas preguntarlo, las cosas no van por un buen rumbo.**

- La felicidad en la relación de pareja, en principio, es un trabajo más personal, y, en segundo lugar, es un trabajo de conjunto.

- **No se puede exigir a la pareja lo que uno mismo no es capaz de dar. «Nadie da lo que no tiene».**

- **Aunque es una problemática multifactorial, destaco dos de los aspectos que parecen más importantes: los problemas de la pareja dependen, en realidad, de la personalidad y las carencias afectivas de cada uno de sus miembros.**

- *Cuanto más responsables sean cada uno de los miembros de sus propias responsabilidades afectivas, más felices podrán ser.*

- *Cualquier pareja puede crecer en las situaciones de crisis más graves si son capaces de verlas como una oportunidad de crecimiento y no como un obstáculo.*

- Si todo esto no funciona, se debe pedir ayuda a un profesional.

Una última opción es cambiar de paradigma «*aprender a que-rerse a sí mismo para poder querer a alguien más*», el resultado sería: En vez de preguntarme: ¿por qué no tengo la pareja que quiero?, debería preguntarme: **¿por qué no aprender a querer a la pareja que tengo?** (Esta última es una frase de mi amigo José Antonio Hernández).

Bibliografía

Feniletilamina (2009): Feniletilamina – Droga natural del amor, consultado el 24 de octubre de 2014, en red: www.lineaysalud.com/nutricion/nutrientes/feniletilamina-ene-moramiento

MERANI, A. (1979): *Diccionario de psicología*. Tratados y ma-nuales, Editorial Grijalbo. México

MYERS, D. (1991): *Psicología social, ¿Por qué nuestras acciones afectan nuestras actitudes?* Editorial Panamericana, Madrid.

ORLANDINI, A. (2004): «El enamoramiento y el mal de amo-res». Editorial La ciencia para todos n.º 164, Fondo de Cultura Económica.

REILLY, W. (2000): *Cómo abrir mentes cerradas*. Editorial Pro-molibro, México.

The Secret Editions (s/f): «Las 4 leyes espirituales de la In-dia», consultado el 27 de julio de 2020: www.thesecret-laeditorial.com/las-4-leyes-espirituales-de-la-india/#:~:text=The%20Secret%20Edicions-,Las%204%20leyes%20espirituales%20de%20la%20India,y%20avanzar%20en%20cada%20situaci%C3%B3n

Capítulo 8

SEÑALES DE UNA RELACIÓN DE PAREJA QUE ESTÁ A PUNTO DE TERMINAR

Es necesario aceptar que las cosas terminan y que hay que seguir adelante para seguir siendo feliz.

Anónimo

Introducción

Todos tenemos la necesidad de amar y de ser amados. *En la naturaleza del ser humano existen lazos invisibles que unen o separan a las personas, tal es el caso del amor y el desamor.*

La vida está compuesta por ciclos: el día y la noche, la vida o la muerte…

La dualidad del amor y el desamor está presente en las películas que nos hacen llorar o suspirar, en las que después de una serie de grandes obstáculos los amantes se rencuentran o dejan atrás sus diferencias y terminan «viviendo felices para siempre».

No somos conscientes de ello, pero los primeros aprendizajes para vivir en pareja proceden de la calidad de las relaciones afectivas observadas en nuestros padres.

Las interacciones de afecto, rechazo, contacto social, comunicación, intimidad, respeto, confianza o desconfianza… sientan las bases de lo que en el futuro será nuestra vida en pareja. A ello le llamamos impronta familiar y compulsión a la repetición. Por ello resulta imprescindible conocer nuestro propio pasado y el del ser amado, a través de la vida afectiva de nuestros padres.

Sin necesidad de ser filósofos, tarde o temprano nos hacemos algunas preguntas esenciales en la vida:

- *¿Quién soy?: Son los rasgos de personalidad que nos definen y diferencian de otros.*
- *¿Adónde voy?: Es el oficio o profesión que elegimos en el terreno laboral.*
- *¿Con quién voy?: Corresponde a vivir en pareja.*

Estas preguntas son como los cimientos de una casa: si está resuelta la primera, pasamos a la segunda y así sucesivamente. Si las dos primeras no están resueltas, es más complicado intentar resolver con quién vamos, en el caso de que la incertidumbre sea un rasgo de nuestra personalidad.

Si lo consideramos desde una perspectiva lógica, existe un antecedente y un consecuente para medir la calidad de la relación amorosa. *Decimos «lo que mal, empieza mal acaba». Sin embargo, el 95 % de nuestras conductas y pensamientos son inconscientes*, de tal forma que en **la elección psicológica de una pareja la mayor parte de las veces vamos casi a ciegas.**

Por otro lado, necesitamos considerar que la vida es un proceso y la relación de pareja también. Y dicho proceso está lleno de aspectos compatibles e incompatibles.

De tal suerte que **para poder entender si una relación está a punto de llegar a su fin o todavía puede rescatarse, es importante considerar lo positivo o negativo del origen de la misma, y el desgaste sufrido durante el tiempo.** De la misma forma, hay que saber si existen estrategias de afrontamiento en la resolución de problemas.

Una crisis de pareja podría terminar en la disolución del vínculo amoroso, pero también por increíble que parezca puede ser el trampolín que los impulse a reeditar su relación. **Amarse no es suficiente y es mejor mirar hacia el mismo destino que contemplarse amorosamente uno al otro.** *Aunque existen muchas generalidades, cada relación de pareja es única, esto recibe el nombre de «singularidad» y necesitamos entender en esa singularidad cada caso.*

El punto de partida

Psicopoesía

«Lo que bien empieza, mal acaba»

*Todo aquello que inicia
reuniendo enloquecidamente a los amantes,
termina por separarlos
como consecuencia de la idealización del amor
y la codependencia emocional.*

JUAN ANTONIO BARRERA

Cuando iniciamos esta gran travesía, podemos tomar conciencia del otro, lo cual puede servir a manera de prevención para no caer de forma inmediata en una adicción con respecto a la pareja. Si no tenemos ese cuidado, *el cerebro se vuelve adicto a la pareja, es como tener un trastorno obsesivo compulsivo.*

Consideraciones positivas y negativas del flechazo inicial:

Positivas

> *Porque sueño en ti de tal modo que no puedo liberarme,*
> *Me apresaste, soy de ti, o no soy de nadie*
> *Pero no tengo valor, no sé cómo contarte.*
>
> Carlos Macías
> «De ti o de nadie» (Fragmento)

- *Crees que has encontrado al amor de tu vida (el mito de la media naranja).*

- **Idealizas a tu pareja.**

- Descuidas a tus amigos porque estás única y exclusivamente con tu pareja.

- Tu pareja es exclusividad y prioridad.

- **Es tu alma gemela.**

Negativas

> *Me dicen que es de tontos*
> *tropezar tres veces con la misma piedra*
> *pero es que tú eras una piedra*
> *sobre la que merecía la pena caer,*
> *resbalarse,*
> *hacerse herida.*
>
> Abu-Tahoun Recio Marwan
> «La historia de los amores imparables» (Fragmento)

- *Tienes la necesidad de vivir en pareja para no estar solo.*

- **Eliges estar acompañado sin importar el precio a pagar.**

- Crees que es mejor tener una compañía para no aburrirse.

- **Necesitas cumplir el rol social de tener una pareja.**

- **Estar enamorado te hace confiar ciegamente en tu pareja.**

- Apenas empezáis una relación y ya hay entre vosotros escenas de celos, y sin conocer a tu pareja realmente quieres irte a vivir juntos.

- *Tienes crisis de apego y no toleras que se aleje de ti.*

- *Justificas sus errores o groserías contigo o con los otros.*

- **Sufres de distorsiones cognitivas: maximización-minimización**

  —Al inicio lo percibes como alguien alegre y en el desgaste se convierte en un borracho. Al inicio es hogareño y en una situación de conflicto es flojo.

  —**Ignoras las señales de alarma**

    ◊ Tu pareja resta en lugar de sumar.

    ◊ **Saca lo peor de ti.**

    ◊ Te vuelves rescatador de las pobres o de las víctimas y te enfermas de empatía. Si no correspondes a las demandas de tu pareja, te sientes culpable o tú mismo decides sentir culpa.

En el desgaste percibes que la relación está a punto de terminar y presentas alguna de las siguientes señales

Las personas no se olvidan, se aprende a vivir sin ellas.
Me enamoró con cada palabra, me destruyó con cada acción.

FRIDA KAHLO

- Sólo sientes afecto, pero no amor. «Te quiero, pero ya no te amo».

- *Sientes que has perdido tu propia identidad.*

- *No te caen bien sus amigos ni su familia.*

- Sientes lástima por tu pareja y te culpa si tomas la decisión de separarte.

- *Ha aparecido su ex o se siguen viendo como si fueran grandes amigos.*

- *Han aparecido examigos o examigas cariñosas del pasado.*

- El contacto íntimo se da muy poco o casi nada.

- **Casi no se besan ni se abrazan y cuando lo hacen es muy superficial**: «beso ultra rápido», «de muerto o de plano ya no existe». (ESTE ASPECTO, DESDE MI PUNTO DE VISTA, ES UNO DE LOS MÁS IMPORTANTES PREDICTORES PARA SABER SI SE PRODUCIRÁ O NO UNA SEPARACIÓN, PUES INDICA YA UNA DESCONEXIÓN ÍNTIMA).

- **La comunicación se ha vuelto distorsionada y casi todo se malinterpreta.**

- *No se despiden ni se saludan cuando llegan de la calle.*

- *Cada uno se va a la cama en horarios distintos, para no coincidir o por tener otras actividades diferentes: inventadas o reales.*

- **A menudo duermen ya separados, se presenta el divorcio emocional antes del físico.**

- *Pasan el rato stalkeando las redes de la pareja, sólo para generar más conflicto.*

- Se perdió la confianza.

- **No cuenta ni interesa la opinión del otro.**

- *Es más el tiempo de conflicto que el de convivencia sana: largos silencios, gritos, insultos o incluso golpes.*

- **A la pareja sólo le interesa el bienestar económico que le proporciona el otro, y esto los convierte más bien en rumis.**

- *En el recuento, existe más insatisfacción que felicidad.*

- Los momentos de placer o satisfacción cada vez son menos o nulos.

- *La infelicidad es un estado habitual y normalizado.*

Estrategias de rescate

- **Cerrar los ciclos emocionales pendientes: sanar el pasado de la relación.**

- Tener la conciencia de que ambos quieren rescatar la relación. El rescate es una responsabilidad de los dos.

- *Hacerse consciente de los errores propios en la relación.* Y hacer un esfuerzo importante para rescatar lo perdido.

- Permitirse experimentar cosas nuevas en la relación.

- **Dejar de vivir en el pasado.** Si te sigue cobrando las facturas del pasado, vas por mal camino.

- Practicar el perdón.

- **Reconocer las cosas positivas que tiene la pareja.**

- *Reajustar las expectativas propias y las de la pareja.* Si sólo te quiere para que le mantengas en lo económico o para tener sexo no llegaréis muy lejos.

- **Propiciar espacios de convivencia exclusivos de la pareja.**

- *Romper la rutina o domesticidad (ir al súper, lavar, cuidar a los hijos, etc.).*

- Planear una estrategia de inteligencia erótica si esta área está desgastada.

- Reinventarse.

- Buscar ayuda profesional, para ello es necesario que ambos estén de acuerdo.

Capítulo 9

¿CÓMO AFECTAN LA TECNOLOGÍA Y LAS REDES SOCIALES A LA PAREJA?

«La privacidad ha muerto y Social Media la mató».
PETE CASHMORE, Mashable CEO

- Pedro consulta constantemente su teléfono a la hora de comer con su pareja y eso le ha llevado a grandes discusiones con Beatriz porque ella se siente ignorada.

- Bertha comparte la contraseña de su móvil con su novio David y él, aprovechando su ausencia, ha revisado minuciosamente todos y cada uno de los mensajes de su amada, buscando en el WhatsApp una prueba de su infidelidad.

- Armando usa una aplicación para buscar parejas sexuales, lo que ignoraba es que su novia actual también usaba la misma aplicación cuando se habían prometido, un acuerdo de fidelidad.

- Guillermina recibió el mensaje amoroso de su ex, y Ricardo, su novio, enfureció hasta el punto de interrumpirla, pero antes le propinó una bofetada.

¿Qué tienen todas estas personas en común? Usan la tecnología, tienen redes sociales y sus conductas les han generado discusiones y muchos problemas.

Antecedentes

La tecnología involucra ideas y conocimientos para resolver problemas específicos y satisfacer las necesidades de los individuos. *Su desarrollo abarca áreas tan diversas como la medicina, los viajes espaciales, la ubicación de una calle o comunicarse con la pareja para concretar una cita.* Para ello cuenta con aparatos (hardware) y programas especializados (software) que nos permiten comunicarnos, vigilar la casa mientras estamos de vacaciones o rastrear un envío al otro lado del mundo.

Hoy sería muy difícil imaginar el mundo sin estos apoyos, que, paradójicamente, nos complican y nos facilitan la vida, y las relaciones de pareja. *Somos seres sociales y relacionales y nuestra esencia es la comunicación con los demás.* Es precisamente este aspecto es el que más se distorsiona con el uso de la tecnología en combinación con nuestra personalidad y las redes sociales.

El uso de dispositivos electrónicos (Ipads, teléfonos móviles, tabletas, Blackberrys y ordenadores personales) en combinación con las redes sociales y la manera como socializamos en la actualidad de forma virtual afecta positiva y negativamente a quien las usa.

¿Qué es una red social?

Una red social es un tipo de aplicación que se utiliza a través de Internet con un navegador, que sirve para conectar a las personas con sus amigos y para hacer nuevos amigos en el proceso.

Por otro lado, todas las redes sociales sirven para conectar entre sí a personas, éste es el objetivo fundamental: fomentar y fortalecer las relaciones interpersonales.

Actualmente, existen más de 70 redes sociales especializadas en fotografías, estilos de vida, turismo, móviles, vídeo, reuniones, negocios, para adolescentes y jóvenes adultos, relacionadas con blogs y redes sociales internacionales. Entre las más comunes tenemos: Facebook, Twitter, Instagram y WhatsApp.

El WhatsApp no es exactamente una red, pero funciona como si lo fuera, es un pequeño programa que se instala en el móvil y nos permite enviar mensajes de texto, mensajes multimedia como vídeos, imágenes, audios, incluso notas de voz.

Estas redes van desde la más coloquiales (red de pareja, amigos o familia) **hasta las más curiosas y extrañas:** Catmoji y Doggy Talky (dirigida a los amantes de los gatos y los perros), Livr (red para ebrios), Vivino (todos para los amantes del vino), Untappd (especializada en bebedores de cerveza, localiza lugares de interés, cervecerías y bares), Cloak (red para antisociales, evita encontrarse con persona indeseables o conocidas), Between (exclusiva para parejas en donde puedes compartir todas tus cosas íntimas), MeetAtTheAirport (para hacer citas de todo tipo cuando viajas en avión: romance, amistad, compañero de viaje, negocios…), Footballalbum (para los amantes del fútbol en donde se pueden comentar fotos, partidos, jugadas y todo lo relacionado con este deporte), MyBusyMeal (para comer y hacer negocios) (*ABCtecnología*, 2014).

Algunas de las redes más populares para interactuar y conseguir pareja sexual, de diversión o sólo para charlar son: *Tinder, Meetic, Badoo, Happn, Muapp, Adoptauntio, Bumble, Jaha, Tease; Groopiyfy, Grindr, Wapa, Desire, Couple, 3nder, MiuMeet, OkCupid, Ashley Madison, eHarmony y Good2Go entre otras* (Alcolea, 2016).

La inmediatez en la comunicación puede ser un elemento sumamente importante cuando se trata de conocer algo de la pareja o las personas que nos rodean como sucede con la preocupación por algún familiar en caso de un sismo. **Puede acercarnos aun estando a kilómetros de distancia, pero también, paradójicamente, puede alejarnos si descubrimos algún mensaje no deseado de la pareja hacia otra persona que no somos nosotros.** Sobre todo, si se trata de un mensaje íntimo. Puede tratarse del uso de alguna aplicación para ligar o conseguir una pareja como las mencionadas anteriormente o puede tratarse de su red personal y el contacto con una excompañera, examante, vecina o compañera del trabajo o la escuela.

«Por casualidad vi las redes sociales de mi pareja, no es que sea intrusiva, más bien la curiosidad me llevó a enterarme de cosas que me destrozaron el corazón y que no conocía de mí pareja».

116

Estructura y funcionamiento de una red social

Es una estructura social integrada por personas, organizaciones o entidades que se encuentran conectadas entre sí, por una o varios tipos de relaciones (de amistad, parentesco, económicas, sexuales, educativas, intereses comunes, experimentación de las mismas creencias, entre otras posibilidades (Christakis y Fowler, 2010).

Dos personas que se comunican ya forman una red social o díada, aunque hay muchas y tienen diferentes formatos.

Las redes sociales comparten varias características:

- **Se pueden observar dos elementos:**
  —**Conexión o vínculos** (número de personas que tenemos en la red).
  —**Contagio:** Tendemos a copiar el comportamiento de aquellos con quienes estamos conectados. Nos afectan las personas con las que nos mantenemos conectados y sus estados emocionales (felicidad, odio, violencia, modas…).

- **Tiene reglas de contagio:**
  —Somos nosotros quienes damos forma a nuestra red. Tenemos una tendencia a elegir a los iguales (homofilia). Nuestra red nos da forma a nosotros. Nuestros amigos nos influyen. Nos rodeamos de personas sanas o enfermas. Los amigos de nuestros amigos influyen en la forma como nos comportamos, y viceversa. Muchas veces perdemos el control de la red, porque ésta tiene vida propia.

- **La interacción de los miembros en la red:**
  —**La clave para comprender las redes es comprender los lazos que unen o alejan a las personas que las forman.** Todos en la red son seres pensantes. En las redes se fortalecen (simpatía, amistad) o se destruyen (antipatía, violencia) los vínculos, y las reacciones se vuelven más intensas (amor y odio).

- **De formación y funcionamiento:**
  —Los amigos de mis amigos son mis amigos.
  —Los enemigos de mis enemigos son mis amigos.
  —Los enemigos de mis amigos son mis enemigos.

Y todo esto significa que estamos conectados (Christakis y Fowler, 2010).

Testimonio de María

Los mensajes al principio eran intensos, cada hora, cada instante. Eran los mensajes más hermosos que nunca alguien me había enviado. Después, en las situaciones de conflicto, éstos fueron disminuyendo hasta convertirse en un simple: ¡sí o no! Más adelante, terminó bloqueándome, hasta que un día simplemente desapareció.

El impacto del uso de las redes en pareja

Se estima a nivel mundial que el uso del Facebook ha provocado 28 millones de divorcios, es decir, es la causa de separación de uno de cada cinco divorcios. Se estima que en México el 30 % de los usuarios ha tenido problemas con sus parejas por el uso de esta red (Elpais.com.co, 2013).

> **Testimonio de Rubén**
> Revisando las invitaciones que me llegaron del Facebook, me enteré de que mi alma gemela tenía varias cuentas que nunca me dijo. Cuando le pregunté, lo negó. Hasta que recibí fotos íntimas Inbox de ella con uno de sus novios.

El uso constante de las redes nos pone en un mundo virtual pero abierto en donde podemos tener acceso a la ubicación de la otra persona, los amigos con los que convive, los sitios de interés que ha visitado, las personas que han dado un «me gusta» a sus publicaciones o, incluso, si de manera abierta alguien ha enviado algún mensaje a nuestra pareja y no nos gusta, o bien si nuestra pareja tiene agregada en su red social a su ex o a alguna persona que nos provoca celos.

El punto de inflexión o de quiebre son los mensajes que encontramos y que nuestra pareja ha enviado o que le han enviado o si encontramos alguna evidencia de ello hackeando sus redes sociales, su móvil o su correo electrónico, todo esto es una huella electrónica equivalente al pintalabios en la camisa o la factura de un hotel.

Aunque no exista una prueba física, el cerebro interpreta como real cualquier juego de palabras virtual, pues para él es lo mismo, a pesar de que nunca haya habido algún contacto físico.

Nancy Kanwisher, profesora asociada de ciencias cognitivas y neuronales del MIT, Massachusetts Institute of Technology, sostiene que «utilizamos la misma maquinaria cerebral cuando miramos activamente que cuando simplemente imaginamos» (*MIT News*, 2000).

Aunque no exista el contacto físico con una persona se puede practicar el sexting *(sexo virtual) o incluso se puede contratar algún servicio de sexo virtual.*

Para algunas personas el hecho de saber que su pareja consulta páginas eróticas puede ser interpretado como una muestra de infidelidad virtual. También se puede estar inscrito en alguna aplicación para tener sexo como en el caso de Tinder, o algún servicio profesional de infidelidad virtual en donde se arma todo un escenario que incluye, por ejemplo, la invitación de un congreso fuera de la ciudad con un comunicado «oficial» que llega a las puertas de la casa de quien lo contrata e, incluso, se contesta personalmente desde el supuesto congreso para armar todo el escenario como si fuera real.

Todo esto incluye los mensajes con la intención de encontrar a alguna persona (conocida o no) para tener intimidad.

Así pues, **aunque no haya un contacto físico real, en muchos casos representa una amenaza real para quien la vive y tiene los mismos efectos devastadores que una infidelidad presencial.**

Testimonio de Rosa

Aproveché que mi esposo estaba dormido para desbloquear su teléfono. Como se desbloquea sólo con su huella, aproveché para tomar su dedo y ponerlo sobre su móvil para tener acceso a sus redes. No encontré ninguna conversación con otra mujer, pero me quedé completamente pasmada cuando vi que uno de sus compañeros de trabajo le enviaba fotos de mujeres desnudas. Copié el teléfono de su amiguito y le llamé para preguntarle por qué le enviaba esas imágenes a mi esposo. Nosotros tenemos una vida en pareja muy bonita y unos hijos preciosos. El amigo de mi esposo me dijo: «Señora, es una persona muy chismosa, los mensajes son para su esposo, no para usted».

Los centros de placer se activan como una droga y las redes nos atrapan

Tendemos a repetir todo aquello que nos gusta. *El sexo puede atraparnos pues nos genera placer. Y con una experiencia llena de adrenalina y de dopamina, al experimentar encuentros virtuales o presenciales, una persona podría quedar atrapada.* Buscar insistentemente una pareja en la red y vivir la experiencia podría ser interpretado por el cerebro como si se tratara de una experiencia presencial. Por este motivo, una persona podría vivir en un bucle, virtual o presencial, con diferentes parejas buscando la diversidad, como sucede con el famoso efecto Coolidge y propiciar el final de su vida amorosa real en pareja.

Cuenta la leyenda que el llamado efecto Coolidge debe su nombre a una anécdota un tanto peculiar. Un día de 1924, Calvin Coolidge (1872-1933), trigésimo presidente de Estados Unidos, se encontraba de visita con su esposa Grace en una granja de aves con motivo de los actos de campaña para su reelección. Cuando la señora Coolidge se percató del vigor sexual de un gallo, le preguntó al guía sobre el número de veces que el animal podía aparearse en una jornada. Al conocer que se trataba de una cifra elevada (unas 20 veces al día), se quedó impresionada y pidió al hombre que le comentase tan interesante información al presidente. Cuando este último escuchó la cifra, le preguntó al informante si los encuentros del gallo se daban siempre con la misma gallina. El guía le explicó que ocurría con una gallina diferente cada vez. Entonces, el presidente le pidió que compartiese ese dato con la señora Coolidge (Lambert, 2017).

Efectos positivos y negativos del uso de la tecnología y las redes sociales

La relación de pareja puede afectarse de muchas formas en lo positivo y en lo negativo:

En lo negativo nuestra pareja se dedica más a la vida virtual que presencial:

- Trabajando y contestando correos cuando llega a casa.

- Jugando (en el teléfono o en el ordenador), consultando y atendiendo sus redes sociales (Facebook, Twitter, Instagram, WhatsApp), entrando a páginas eróticas, etc.

- Iniciando o manteniendo una relación de infidelidad (real o virtual).

En lo positivo la tecnología nos sirve para:

- **Fortalecer nuestros lazos de convivencia** con algún mensaje de buenos días, para saber el estado de salud, la ubicación, el cambio de una cita, avisar de alguna emergencia, enviar sitios de interés o posibilidades de comprar algún artículo si no se encuentra de manera presencial la pareja, mandar mensajes amorosos o incluso eróticos dirigidos a la pareja…

Consideraciones del uso de las redes sociales cuando se vive en pareja

Es importante que ambos tengan claro que hay información que pueden controlar, pero otra definitivamente no. *Por ejemplo, si una persona hace algún comentario a la pareja en sus redes, es responsabilidad del propio implicado poner un límite a otros. Pero en ocasiones la emocionalidad de un momento como éste, el otro miembro de la pareja se autoriza a contestar defendiendo su territorio y creando situaciones incómodas, pues la mayoría de las veces nuestras redes sociales son abiertas.*

Es importante cuidar nuestra vida personal y no hacer de ella una telenovela, pues a otras personas seguramente no les interesa nuestra vida, por mucho que a veces sintamos la necesidad de compartir con otras personas nuestros momentos íntimos en las redes.

Nuestra vida es algo personal e íntimo, y en muchas ocasiones por querer compartir nuestra felicidad en las redes generamos problemas o envidias que muy bien podemos evitar, si evitamos esto, viviremos plenamente nuestra intimidad.

Recomendaciones para el uso de las redes sociales en pareja

No te fíes de las palabras bonitas: muchos tienen azúcar en la boca y veneno en el alma.

Sin ser intrusivos con la otra persona valdrá la pena establecer algunas reglas exclusivas en cada pareja. *A continuación, añado sólo algunos ejemplos de ellas, pero son responsabilidad de cada pareja.*

- **No utilizar el móvil a la hora de comer.**

- No contestar mensajes mientras es hora de dormir o de hacer el amor.

- *Poner un horario para la convivencia presencial.*

- **Acordar en qué casos sí y en cuáles no se pueden compartir las claves o contraseñas de las redes sociales o de los dispositivos electrónicos (móvil u ordenador personal).**

- Establecer las reglas o los tiempos de convivencia virtual o presencial.

- Tomar en consideración qué aspectos pueden controlarse en las redes y cuáles no, para que terceros (familiares, amigos, conocidos o desconocidos) no generen conflictos adicionales en la convivencia cotidiana.

- *Comunicar a la pareja si se tienen nuevos dispositivos tecnológicos y conocer las redes que oficialmente usan, así como su tipo de contenido.*

- **Establecer un compromiso de fidelidad de forma virtual o presencial, en el que lo más importante sea la convivencia de la propia pareja.**

- *Ante cualquier eventualidad, mantener una actitud positiva y resolutiva para tomar decisiones con las que ambos miembros salgan beneficiados y no tomar determinaciones si se encuentran en un estado emocional fuera de control.*

- Si las cosas se descontrolan, buscar la ayuda terapéutica de un profesional.

Bibliografía

ABC tecnología (2014): Las 10 redes sociales más extrañas, consultado el 21 de febrero de 2018: www.abc.es/tecnologia/top/20140321/abci-paginas-extravagantes-peculiares-201403210920_1.html

ALCOLEA, R. (2016): «Las 20 mejores Apps para ligar», mujerhoy, consultado el 21 de febrero de 2018: www.mujerhoy.com/vivir/sexo-pareja/201605/31/mejores-apps-para-ligar-20160531180103.html

CHRISTAKIS, N. y FOWLER, J. (2010): *Conectados*, Editorial Taurus, México.

Elpais.com.co (2013): «Estudios revelan que Facebook ha provocado 28 millones de divorcios», consultado el 21 de

febrero de 2018: www.elpais.com.co/mundo/estudios-re-
velan-que-facebook-ha-provocado-28-millones-de-divor-
cios.html

Lambert, K. (2017): «El sexo en los roedores», *Investigación y Ciencia (Cuadernos Mente y Cerebro),* 1.er cuatrimestre 2017, España.

MIT News (2000): «Ver e imaginar son lo mismo para el cerebro», Gen Altruista, consultado el 21 de febrero del 2018: www.genaltruista.com/notas/00000316.htm

Capítulo 10

NEUROCIENCIA SOCIAL: ¿QUÉ OCURRE EN EL CEREBRO DURANTE EL ORGASMO?

Las mujeres son capaces de fingir un orgasmo,
pero los hombres pueden fingir una relación entera.

El orgasmo es el gran comedor de palabras.
Sólo permite el gemido, el aullido, la expresión
infrahumana, pero no la palabra.

Antecedentes

La psicología analiza el comportamiento de las personas y su análisis va desde lo cotidiano, pasando por lo bizarro, hasta llegar a lo sublime. *Sin embargo, sería una postura muy cerrada concebir nuestra disciplina como la única capaz de entender nuestro maravilloso mundo.* El hecho de asumir una estrategia epistemológicamente más abierta y transdisciplinaria nos facilita entender y complementar con otras disciplinas la comprensión de conductas humanas como el sexo y, particularmente, del orgasmo.

El enfoque utilizado en el presente capítulo parte de **la neurociencia social, la cual estudia la relación entre los procesos neurológicos del cerebro y los procesos sociales.**

Este análisis no sólo enfatiza cómo el cerebro influye en la interacción social, sino también cómo la interacción social puede influir en el cerebro (Franzoi, 2007).

Nuestros pensamientos, emociones, sentimientos y conductas nos influyen para actuar de diferentes formas, pero también el entorno va moldeando nuestra manera de percibir y enfrentar la realidad.

El sexo es la palanca que mueve al mundo, el eje a cuyo alrededor giran y se sustentan todos los actos humanos, desde los que tienen consecuencias más resonantes e internacionales hasta los más nimios y locales. El sexo, entre los mortales, es una fuente de alegrías inmensas y también de grandes catástrofes (Dubois, 1999).

> *Las dos partes de tu cuerpo que hacen las cosas más sucias son las que yo más quiero.*

Hay actividades que atrapan a las personas de manera general: comer, dormir, las drogas, la música y el sexo. **Si no tuviéramos sexo, nos habríamos extinguido**. La importancia del sexo en nuestra vida es vital, aunque algunas personas pueden vivir sin él.

El psicólogo de Harvard Daniel Gilbert realizó un curioso experimento en el año 2010 con hombres y mujeres. Con una muestra de 2250 personas, utilizó una aplicación para preguntarles en tiempos aleatorios a los sujetos del estudio qué estaban haciendo en un momento determinado y cuán felices se sentían, siendo 0 el mínimo y 100 el máximo bienestar. A continuación, se enumeran algunas actividades y sus puntajes:

- *Trabajar, 61,*
- *Leer, ver la tele y cuidar a los hijos, 65,*
- *Ir de compras, 68*
- *Escuchar música y conversar, 74*
- *Hacer ejercicio, 77*
- *Tener sexo con una pareja, 92*

La conclusión fue obvia: el sexo es la actividad que nos hace más felices, al menos de forma temporal (Estupinyà, 2013).

El orgasmo es una de las cuatro etapas de la respuesta sexual humana. Los caminos para llegar a él son múltiples como se podrá ver más adelante: **por vía de la estimulación de las zonas erógenas**, por condicionamiento como sucede con algunas parafilias (*looner porn* y podofilia, serán explicadas más adelante), **por entrenamiento como sucede en algunas prácticas místicas como en el sexo tántrico, por oxigenación o estimulación eléctrica de la ruta de los nervios sacros** (una persona muerta puede experimentar un orgasmo mediante la estimulación de esta ruta, se conoce como el reflejo de Lázaro) **e incluso tener un remapeo cerebral** (tocar la rodilla y alcanzar un orgasmo).

Es tan fascinante la experiencia que el 8 de agosto se celebra el día mundial del orgasmo femenino. Según estudios internacionales, con la madurez sexual el orgasmo se alcanza de manera más fácil y rápida (*Diario Libre*, 2016).

Un hombre ama una mujer y la besa:
de ese beso nace el mundo.

Durante un orgasmo, no sólo se prenden y apagan áreas del cerebro, sino que también se oxigenan y producen sustancias químicas capaces de influir fuertemente en nuestro comportamiento. *Los mensajeros químicos que se producen en áreas especializadas del mismo influyen de forma significativa en el comportamiento social.* Las hormonas son influidas a su vez por las neuronas, pero ésta una influencia recíproca y, además, son influidas por el ambiente que nos rodea, como señala la neurociencia social.

«Mediante las técnicas de neuroimagen se puede estudiar el cerebro con todo lujo de detalle, tanto en lo referente a la estructura como a la función cerebral», como señala Richard Haier, neurocientífico, Mind Research Network, Universidad New Mexico *(Podemos leer la mente*, 2011). Estas técnicas generan «mapas» de los cerebros de personas vivas al examinar su actividad eléctrica, estructura, flujo sanguíneo y química (Cunningham *et al.*, 2003).

Fases de la excitación para llegar al orgasmo

> *El orgasmo es el gran comedor de palabras.*
> *Sólo permite el gemido, el aullido, la expresión*
> *infrahumana, pero no la palabra.*
> VALÉRIE TASSO

Desde la época de los estudios clásicos de Masters y Johnson, se ha llegado a la misma conclusión. **En la mujer, un cañonazo, una explosión, el orgasmo femenino es devastador, así lo describe Sophia Jeaneau** (2014), en su filme *El orgasmo de ella.*

El diccionario de la APA (2010) define **un orgasmo como el clímax de la estimulación o actividad sexual, cuando se alcanza el punto máximo del placer, que se caracteriza por la liberación de tensión y contracciones rítmicas de los músculos perineales, el esfínter anal y los órganos reproductivos pélvicos**. En los varones, el orgasmo también va acompañado de la emisión de semen (eyaculación); en las mujeres, de contracciones de la pared del tercio externo de la vagina.

Me vuelves loco
(Fragmento, canción de Armando Manzanero)

Y cuando siento que tus brazos
Aprisionan mis espaldas,
Desaparecen las palabras,
Sólo se oyen mil suspiros,
No sé evitarlo sin remediarlo,
Me vuelves loco.

El orgasmo es un conjunto de cuatro fases que se manifiestan tanto en los hombres como las mujeres y que difieren sólo en aspectos determinados por la anatomía masculina o femenina:

- **Excitación:**
  —Mujeres: *Los labios vaginales se hinchan y aparece la lubricación vaginal.*
  —Hombres: Un estímulo erótico despierta la libido. Se produce una vasocongestión y los cuerpos caver-

nosos se llenan de sangre. Esto provoca la erección del pene, que tarda en producirse entre ocho segundos en los hombres jóvenes, mientras que en los de mayor edad es más lenta y gradual. Se engrosa la piel del escroto y la bolsa testicular, y los testículos aumentan de tamaño.

—Dura entre varios minutos y varias horas.

- **Meseta:**

  —Mujeres: *El útero se eleva, la vagina se expande y los labios vaginales cambian de color. Las mujeres necesitan al menos 20 minutos de estimulación sexual para entrar en clímax y llegar al máximo placer.*

  —Hombres: La excitación se torna constante y uniforme. El glande adquiere una tonalidad púrpura, porque la vasocongestión aumenta. Los testículos siguen elevándose y se preparan para la próxima eyaculación, y su tamaño se acrecienta hasta ser una vez y media más grande de lo habitual. Las glándulas de Cowper segregan unas gotas de fluido seminal, para lubricar la punta del pene. Durante esta etapa, el 25 % de los hombres experimenta diversos efectos: la piel de distintas partes del cuerpo se cubre de unas manchas rojizas, semejantes a una erupción, la pérdida del control sobre los gestos de la cara, la respiración se acelera hasta alcanzar, en ocasiones, el punto de jadeo.

- **Orgasmo:**

  —Mujeres: *Contracciones del útero y el ano, y terremoto vaginal. El orgasmo en una mujer, dura de 6 a 10 se-*

gundos, aunque puede llegar a durar 20 en algunos casos.

—Hombres: Está marcado por la eyaculación. El orgasmo en los hombres es de cuatro a cinco segundos.

- **Resolución:**
  —Mujeres: *El útero desciende y la vagina vuelve a la normalidad. Puede durar sólo unos segundos.*
  —Hombres: Dura entre 15 minutos y un día. Los tejidos de los órganos genitales se vacían de sangre, por lo que se pierde la mitad de la tensión del pene (Jeaneau, 2014; APA, 2010; Silva, 2017; *Diario Libre*, 2016).

Como describen las mujeres, un orgasmo es una oleada de placer, una sensación intensa, es el clímax del placer, sientes calor y todo se hincha un poco (los senos, el sexo), son muchas sensaciones muy agradables, lo sientes por todo el cuerpo. «*Yo grito y tengo la sensación de que es como un canto*». «*Es la unión con el otro, es cuando sientes que estás en comunión con la otra persona*».

El orgasmo puede llegar por diferentes vías *(clítoris, vagina, pezones, estimulando el deseo, las emociones y las fantasías, el autocontrol de las paredes vaginales, la estimulación del punto G –al principio del canal vaginal–, mediante la estimulación del punto A –al final del canal vaginal–, es la que proporciona un orgasmo anal,) y todas ellas son interpretadas por el cerebro como un orgasmo.*

El deseo es esencial para el orgasmo, es neurológico, cuando se desea a alguien ardientemente el cerebro libera dopamina que incrementa el placer (Jeaneau, 2014).

El orgasmo en el cerebro

La mejor manera de librarme de la tentación es caer en ella.
OSCAR WILDE

El cerebro ha desarrollado una respuesta al miedo para mantenernos fuera de peligro, pero también está dotado de un fuerte impulso sexual para asegurar la supervivencia de las especies. Helen Fisher menciona que: «El orgasmo es una de las experiencias más fuertes para los humanos, así que escudriñar en la mente y descubrir cómo produce el cerebro ese estado de éxtasis resulta emocionante. Recibes un torrente de dopamina, la dopamina es el mismo compuesto químico que se activa cuando consumes cocaína y otras drogas estimulantes. Es una experiencia abrumadora de éxtasis y energía» (*El cerebro humano*, 2016).

La experiencia de analizar el orgasmo en los cerebros masculino y femenino no es exclusiva de un solo investigador, y en esta labor titánica han intervenido afortunadamente muchas mentes brillantes para desenmarañar sus misterios.

En Holanda, el neurocientífico Greg Berns empezó hace algunos años la investigación sobre el orgasmo. **Mostró por primera vez lo que ocurre en el cerebro del hombre y la mujer, en un escáner PET, donde se ve el flujo sanguíneo cerebral en el momento de lograrlo.** *El cerebro tiene muchos kilómetros de vasos sanguíneos (si pudiéramos unir todas las venas, arterias y capilares de una persona le daría dos veces y media la vuelta a la Tierra), y cuando las células están trabajando, necesitan gran cantidad de sangre cargada de energía y rica en oxígeno, cuando no están trabajando necesitan muy poca. Además, se puede ver que partes del cerebro están activas durante la eyaculación o el orgasmo.*

Las semejanzas del orgasmo masculino y femenino

- **Los hombres y las mujeres tenemos semejanzas y diferencias a nivel cerebral** cuando alcanzamos un orgasmo. La coincidencia más importante es que **ambos generan dopamina ante la expectativa del orgasmo y en la consumación del mismo.** Y el control es tomado por el sistema nervioso autónomo, activándose el tallo cerebral. Además de ser la parte más antigua del cerebro humano, es la zona que controla la liberación de dopamina en el cerebro (la dopamina es conocida como la hormona del placer, regula la motivación y el deseo, y hace que repitamos conductas).

- *También al final del orgasmo en las mujeres y en los hombres se libera oxitocina, la hormona de la calma, el amor y la sanación.*

- *El miedo y la ansiedad disminuyen o desaparecen y la amígdala cerebral entra en modo de descanso.*

Las diferencias en los orgasmos masculino y femenino

Sin embargo, las diferencias son fascinantes:

- **El doctor Gert Holstege descubrió que los orgasmos de las mujeres implican actividad en el núcleo accumbens, el cingulado anterior, el hipocampo, el hipotálamo y el área preóptica, mientras que en los orgasmos masculinos intervienen el área tegmen-**

tal ventral, el tálamo y la corteza visual (Wheatley y Puts, 2015). En ambos se activan diferentes rutas de la dopamina.

- El experimento demostró que en los hombres disminuía el flujo sanguíneo en las zonas relacionadas con la ansiedad, pero otras zonas permanecían en alerta. **En los hombres se produce una desactivación de la amígdala, de las zonas que tienen que ver con la ansiedad o el miedo.**

- La desactivación en **las mujeres fue el hallazgo más importante. Se produjo una gran desactivación en las zonas del cerebro que tienen que ver con la ansiedad, el miedo y la vigilancia. Al parecer, las mujeres se abandonan, pueden llegar a perder la conciencia durante el orgasmo.**

- *La dopamina acompañada de la euforia antes del orgasmo es un rasgo común en ambos.* Sin embargo, después en los hombres, simplemente, desaparece y en las mujeres desciende, pero no desaparece (*El cerebro humano*, 2016).

- Un estudio reciente demostró diferencias sexuales en la pituitaria (denominada glándula maestra, debido a que controla muchas de las funciones de otras glándulas) durante el orgasmo femenino siendo asociado únicamente con el aumento de actividad en esa región del cerebro. La activación hipofisiaria más alta en mujeres fue interpretada por los autores para significar mayores concentraciones plasmáticas de oxitocina (*hormona de la paz, la relación y el descanso*), una hormona que se libera de la pituitaria y se encuentra en concentraciones plasmáticas mucho más elevadas en las mujeres que en los hombres después del orgasmo (Wheatley y Puts, 2015). Si tras el orgasmo, se activa más la glándula pituitaria y la liberación de oxitocina en las mujeres, bien podría ser la causa de que éstas pidan a la pareja que continúe con besos y caricias después de llegar al clímax.

- La oxitocina es conocida también como la hormona de la calma, el amor y la sanación. La doctora Kerstin Uvnäs Moberg es reconocida en todo el mundo como una autoridad en la oxitocina y señala al respecto: **Ciertos estudios en seres humanos han mostrado el aumento espectacular de la tasa de oxitocina en sangre de ambos sexos en el momento del contacto sexual, que llega al máximo durante el orgasmo.** Después del coito a menudo nos sentimos relajados, o hasta adormecidos. A veces es en ese momento en el que nos sentimos más en intimidad con nuestra pareja, y nada importa más que estar junto a la persona amada (Uvnäs, 2009).

No es de extrañar que en los hombres y las mujeres se desactiven zonas del cerebro para que no sientan ansiedad ni miedo y nos concentremos sólo en el orgasmo. Los psicólogos evolutivos creen que esta diferencia entre hombres y mujeres puede tener sus orígenes en la prehistoria, cuando éramos cazadores recolectores. *Las mujeres podrían desconectarse materialmente, pero los hombres debían estar alertas aun después de aparearse para no ser devorados por alguna fiera.*

¿Qué intensifica el orgasmo?

En todo encuentro erótico hay un personaje invisible
y siempre activo: la imaginación.

OCTAVIO PAZ

Pasar de una reacción fisiológica un tanto mecánica a una sensación altamente placentera en el orgasmo puede ser intensificado a través de los siguientes aspectos:

- A diferencia del pene, el único **propósito del clítoris es proporcionar placer.** No interviene en el proceso reproductivo.

- **Entre el 50 y el 80 % de las mujeres que alcanzan un orgasmo, lo hacen por estimulación clitoridial, con o sin penetración vaginal.**

- **Con el tiempo el clítoris se hace más grande.** A los 35 años, es cuatro veces más grande que cuando la mujer tenía 15. Después de los 45, es siete veces más grande que al nacer. **Por ello las mujeres mayores llegan más rápido al orgasmo.**

- El clítoris **no es la única zona de orgasmo femenino** dentro y alrededor de la vagina. **El punto G** (en la parte interior de la vagina) está conectado directamente con el clítoris y también es fuente de orgasmos.

- *El clítoris es el órgano sexual femenino más sensible, el interruptor de los orgasmos por excelencia.*

- **La parte externa del clítoris (glande, tallo y cuerpo) contiene más de 8000 terminaciones nerviosas** que se conectan con una red de más de 15 000 terminaciones nerviosas más en la región pélvica. **El pene tiene sólo 4000 terminaciones nerviosas.**

- Los **orgasmos del clítoris no son inferiores a los vaginales, por el contrario, poseen la misma intensidad** y, en sentido estricto, todos los orgasmos se producen debido a que se conectan con el clítoris a través de las terminaciones nerviosas.

- En 1998, la australiana **Helen O´Connell logró obtener la anatomía completa del clítoris** gracias a los estudios de imagen de resonancia magnética llevados a cabo en voluntarias. Antes de esa fecha, sólo se mostraba la parte externa del clítoris y se desconocía el volumen real del tejido eréctil (Meraz, 2014).

Las diferentes rutas para lograr un orgasmo

Todavía no es Navidad y ya te quiero dar tu Noche Buena.

El orgasmo es un reflejo del sistema nervioso autónomo, es parte del sistema nervioso que trata con aquello de lo que no tenemos control consciente (como la digestión, el ritmo cardíaco, la excitación sexual…). Y el reflejo del orgasmo se puede disparar por una gama sorprendentemente amplia de estímulos (Roach M., 2009).

Experimentar un orgasmo es algo que se puede hacer solo, en pareja, acompañado con accesorios o utensilios, con más personas o incluso con animales u otros objetos para algunos de nosotros poco convencionales. Los caminos son tan personales como se elijan, las posibilidades son casi infinitas. Y se experimentan incluso estimulando zonas del cuerpo que nada tienen de erógenas.

Está claro que los orgasmos están relacionados con el sistema de recompensa que genera la dopamina. Sin embargo, las neuronas pueden responder cuando se les asocia a algún estímulo no erótico y éstas **responden también con una recompensa inesperada**. En psicología esto se conoce como «estímulo condicionado» y consiste en asociar un estímulo neutro como lo hacía Ivan Pàvlov al hacer sonar una campana para que los perros de sus experimentos lo asociaran con la presencia de comida. Si esta actividad se seguía presentando en repetidas ocasiones, posteriormente, los perros empezaban a salivar con tan sólo el sonar de la campana y, entonces, se hablaba de un estímulo condicionado. El sonido de la campana asociado a la presencia de comida provocaba que los perros salivaran y, a continuación, esperaran ser alimentados.

En palabras sencillas, las rutas para alcanzar un orgasmo pueden estar asociadas a cualquier estímulo neutro (los perros, los pies, las axilas, el cabello, la orina, el excremento, etc.) que, asociado a la producción de dopamina y el contacto sexual, producen de forma natural un condicionamiento en la conducta. Si esto se hace de forma repetida, cuando se presenta un estímulo neutro y se asocia al sexo en alguna modalidad, como veremos más adelante, se presenta una parafilia o una forma distinta de obtener la dopamina asociada al sexo o a un orgasmo.

Y pueden resultar en una mezcla de placer, dolor, sorpresa, amor, pasión, erotismo, deseo o sólo sexo sin amor:

La perversión es sólo otra forma de arte.
Es como la pintura o el dibujo o la escultura.
Excepto que, en lugar de pintura,
nosotros los pervertidos usamos el sexo como nuestro medio.
C.M. STUNICH

- **Mediante la masturbación o el autoerotismo** (acariciarse, teniendo fantasías, estimulando el clítoris…).

- *Con el control del cuerpo, algunas mujeres pueden producirse un orgasmo contrayendo los músculos de su vagina* (Jeaneau, 2014).

- **Con sexo oral o cunnilingus.**

- *Mediante la experiencia de alguna parafilia, como por ejemplo los* looner porn, *personas que inflan globos (estímulo condicionado), juegan con ellos, o simplemente los llevan al punto máximo de resistencia hasta que revientan y con ello consiguen un orgasmo.* En la distancia y usando la tecnología, se pueden hacer llamadas eróticas también para disfrutar de un orgasmo.

- **Practicar el candaulismo,** impulso erótico que consiste en espiar o exponer a la propia pareja a tener sexo con otra persona y recibir vídeos o fotos justo en el momento de tener relaciones sexuales para lograr la excitación y el orgasmo.

- **Experimentando un parcialismo sexual** (atracción erótica por alguna parte distinta de los genitales, pero con el mismo deseo): la **podofilia** o el fetichismo por los pies, la **maschalagnia o la atracción por las axilas**, la **nasofilia** o el **deseo erótico por la nariz**, la **tricofilia** o la **atracción por el cabello**, la **pygofilia** o el **deseo erótico por las nalgas**, el **masoquismo o experimentar placer y dolor** (físico o psicológico) al mismo tiempo, la **urofilia o lluvia amarilla** se experimenta por poner en contacto a la pareja con la orina, la **coprofilia o lluvia de meteoritos,** excitación sexual al poner en contacto a la pareja con el excremento, la **eproctofilia, una variedad de la coprofilia, es el gusto por los gases de la pareja** (Roble, 2017). La **zoofilia** o el **bestialismo,** excitación sexual por el contacto con animales, la **somnofilia** o atracción por acariciar y realizar sexo oral a una persona dormida hasta despertarla, la **olfactofilia, excitación debida al olor de la transpiración especialmente de los genitales,** la **narratofilia,** excitación sexual al escuchar narraciones eróticas, la **hirsutofilia, atracción por el vello,** la **dysmorfofilia,** excitación sexual por las personas deformadas, la **choreofilia,** experimentar excitación sexual al bailar, la **agonophilia,** excitación proveniente de luchar con la pareja, **alorgasmia**, excitación proveniente de fantasear durante el acto sexual con otra persona que no sea la pareja (Galamoth, 2012), y la lista continúa.

La diversidad de formas para alcanzar el orgasmo tiene aún más caminos sorprendentes y cada vez nos hace conocer más.

Quienes practican el sexo tántrico pueden lograr un orgasmo con tan sólo concentrarse y hacer ejercicios de respiración, lo cual requiere preparación. Los hombres llegan incluso a tener algo que llaman «eyaculación retrógrada» y pueden durar en el acto sexual mucho más de lo que en promedio tiene un ser humano común.

La psicóloga y divulgadora científica Mary Roach (2009) en su charla de TED TALKS menciona otras rutas distintas para llegar al orgasmo, que corresponden a un remapeo cerebral, pero que activan los mismos centros neurálgicos del placer a nivel cerebral:

- **Una mujer que logra el orgasmo cuando alguien le acaricia una ceja.**

- **Orgasmos al acariciar las rodillas reportados en la literatura especializada.**

- **Una mujer que tenía orgasmos cada vez que se cepillaba los dientes.** Si yo tuviera esta condición, seguro que tendría una dentadura sanísima.

- **Un dato por demás sorprendente es el que una persona muerta puede experimentar un orgasmo como un acto reflejo, lo que se conoce como «reflejo de Lázaro».** *La explicación es la siguiente: la sede principal del orgasmo a lo largo de la médula espinal recibe el nombre de «la ruta de los nervios sacros». Si uno la provoca, si la estimula con un electrodo en el punto preciso, se produce un orgasmo.*

Beneficios de tener orgasmos

Mi opinión en lo que se refiere al placer
es que hay que emplear todos los sentidos.
EL MARQUÉS DE SADE

- **Desconecta casi en su totalidad el cerebro de las mujeres.**

- **Desconecta parcialmente el cerebro de los hombres.**

- *Puede curar el hipo (Roach M., 2009).*

- *Te relaja.*

- **Tener orgasmos y eyacular,** según el sexólogo británico Roy Levin, **podría fomentar la fertilidad** y prevenir el desarrollo de la infertilidad.

- **Mejora el flujo sanguíneo, relaja y oxigena la sangre.**

- *Genera endorfinas (analgésicos naturales) y, al mejorar el flujo sanguíneo y oxigenar el torrente circulatorio, disminuyen los dolores de cabeza, menstruales, de muelas y muchos otros.*

- **Nos hace más felices** al liberar dopamina y nos permite, posteriormente, analizar los problemas de manera más objetiva y calmar las emociones (somos emocionalmente más inteligentes).

- **Genera una sensación de mayor cercanía con la pareja** al liberar oxitocina (la hormona de la paz, el amor y la sanación).

- El aumento de los niveles de la dopamina **contrarresta la hormona del estrés** (el cortisol) y mejora los niveles de serotonina combatiendo también la depresión.

- Por el esfuerzo realizado se **queman calorías** (de 127 a 500) **y ayuda a combatir el insomnio.** Produce narcolepsia poscoital y se duerme como un angelito, debido las grandes cantidades de oxitocina que se liberan en la sangre.

- Al mejorar la microcirculación sanguínea, también **mejora el estado de la piel y el funcionamiento de nuestros genitales.** Lo mismo ocurre con **la oxigenación del cerebro.**

- Mejora nuestra autoestima.

- **Los hombres que eyaculan con mayor regularidad tienen una incidencia menor de cáncer de próstata.** *«Eyacular es un proceso natural y necesario para la higiene de la próstata. La próstata es una glándula que necesita expulsar sus secreciones. Las secreciones tienden a producir calcificaciones y a taponar los conductos prostáticos. El semen tiene su consistencia, es como un coágulo, pero no es espeso, denso, duro o grumoso. Cuando el semen es líquido y fresco, en los ductos prostáticos limpios no se forman bacterias. Si las hay, no tienen posibilidad de crecer. Las* *calcificaciones prostáticas se forman a partir del endurecimiento del líquido que no se ha expulsado. En el hombre que no eyacula se va haciendo la próstata más grande (se inflama, lo que conoce como "prostatitis"), esto se puede ver después de los cuarenta años»* (*Hacia un nuevo estilo de vida*, 2016).

- **En los hombres y en las mujeres previene la pielonefritis.** La inflamación del riñón se debe a un tipo específico de infección del tracto urinario (ITU). La ITU suele comenzar en la uretra o la vejiga, y se extiende a los riñones. Los síntomas incluyen fiebre, micción frecuente y dolor en la espalda, los laterales o la ingle. El tratamiento incluye antibióticos y, frecuentemente, requiere la hospitalización del paciente (Clínica Mayo, 2020; *Hacia un nuevo estilo de vida*, 2016).

- **Un estudio realizado en la Universidad de Wilkes en Pennsylvania observó que las personas que llegan al orgasmo presentaban en un 30 % de los casos un anticuerpo que ayuda a fortalecer el sistema inmunológico** (Hermosilla, 2012).

- *La sandía, el ajo, los arándanos, el marisco, el chocolate amargo, las frutas cítricas y los frutos secos ayudan a tener orgasmos más intensos* (*Diario Libre*, 2016).

Bibliografía

APA (2010): *Diccionario conciso de psicología*. El Manual Moderno, México.

Clínica Mayo (2020): «Pielonetritis», consultado el 31 de julio de 2020: www.mayoclinic.org/es-es/diseases-conditions/kidney-infection/symptoms-causes/syc-20353387

Cunningham, W. A.; Johnson, M. K.; Gatenby, J. C.; Gore, J. C. y Banji, M. R. (2003): «Neural components of social evaluation», *Journal of Personality and Social Psychology*, 85, 639-649.

Diario Libre (2016): «Hoy se celebra el día mundial del orgasmo femenino; ocho datos sobre el tema», consultado el 18 de mayo de 2017: www.diariolibre.com/revista/bienestar/hoy-se-celebra-el-dia-mundial-del-orgasmo-femenino-ocho-datos-sobre-el-tema-GH4595910

Dubois, E. (1999): *Amor sexo intimidad*. Ultramar Editores, España.

El cerebro humano (2016): *El cerebro humano,* consultado el 11 de mayo de 2017: www.youtube.com/watch?v=pLyEZD7nrms

Estupinyà, P. (2013): *S=EX² La ciencia del sexo*. Editorial Debate, México.

Franzoi, S. L. (2007): *Psicología social*. McGraw Hill, México.

Galamoth (2012): «100 parafilias extrañas», consultado el 15 de mayo de 2017, en red: https://metalgalamoth.wordpress.com/2012/02/25/100-parafilias-extranas/

Hacia un nuevo estilo de vida (2016): «Lo que los hombres deben saber sobre la próstata», entrevista con la doctora Araí Vela (uróloga), consultado el 30 de julio de 2020: www.youtube.com/watch?v=ckK3ih_DgaQ

HERMOSILLA K. (2012) «Salud y alimentación (Feliz día del orgasmo)», consultado el 18 de mayo de 2017: www.veo-verde.com/2012/08/feliz-dia-del-orgasmo-sus-10-benefi-cios-a-la-salud/

JEANEAU S. (2014) *El orgasmo de Ella* (Documental Sexuali-dad), Doc en stock, consultado el 15 de mayo de 2017: www.youtube.com/watch?v=qpXrURFRSLo

MERAZ L. C. (2014) «12 datos curiosos que no sabías del clítoris», consultado el 15 de mayo de 2017: www2.esmas.com/salud/sexualidad/676750/12-datos-curio-sos-y-no-sabias-del-clitoris/

Odisea (2014) «El clítoris ese gran desconocido», consulta-do el 15 de mayo de 2017: www.youtube.com/watch?v=UjVaYizi6eo

«Podemos leer la mente» (2011) Entrevista de Eduardo Pun-set, en redes con Richard Hier, consultado el 9 de noviembre del 2011: www.youtube.com/watch?v=9jCbCs6hO8k

ROACH M. (2009) «10 cosas que nos sabías sobre el orgasmo», consultado el 18 de mayo de 2017: www.ted.com/talks/mary_roach_10_things_you_didn_t_know_about_or-gasm/transcript?language=es

ROBLE H. (2017) «Fijaciones sexuales extrañas: las 10 parafi-lias más raras», consultado el 15 de mayo de 2017: www.vix.com/es/btg/curiosidades/4313/fijaciones-sexuales-extranas-las-10-parafilias-mas-raras

SILVA P. (2017) «El orgasmo masculino y sus etapas», consul-tado el 16 de mayo de 2017: www.elnuevodiario.com.ni/suplementos/hombre/409943-orgasmo-masculino-sus-etapas/

Uvnäs K. (2009) *Oxitocina: la hormona de la calma, el amor y la sanación*. Ediciones Obelisco, Barcelona, 2009.

Wheatley J. R. y Puts D. (2015) «Ciencia evolutiva del orgasmo femenino», consultado el 15 de mayo del 2017: https://translate.google.com.mx/translate?hl=es-419&sl=en&tl=es&u=https%3A%2F%2Fwww.researchgate.net%2Fpublication%2F236075577_Female_orgasm_but_not_male_ejaculation_activates_the_pituitary_A_PET-neuro-imaging_study

Capítulo 11

¿PODEMOS REGULAR LAS EMOCIONES DE NUESTRA PAREJA?

Si puedes mantenerte positivo en una situación negativa,
ya has ganado.
Anónimo

Cometemos errores cuando las emociones nos invaden
y nos conducen a las malas acciones.
Dalai Lama

- Roberto y María son una pareja joven y, cuando tienen una discusión, ambos pierden el control y se gritan. Cada uno cree que si grita más fuerte que el otro terminará la discusión.

- Bertha perdió su empleo como diseñadora gráfica, está deprimida desde hace 3 meses y se molesta porque Ricardo, su pareja, se pasa el día hablando de lo exitoso que es en su trabajo mientras ella tiene un bajo estado de ánimo.

- Alfredo es incapaz de controlar sus emociones. Su pareja, Rita, no sabe cómo tratarlo a pesar de llevar más de diez años casados, porque no hay palabras que puedan calmarlo.

- Pedro cree que la mejor estrategia para enfrentar los problemas cotidianos de la casa es quedarse callado ante los reproches de su esposa Verónica.

- Laura y Fernando son una pareja atípica, discuten como todos los demás esposos, pero son capaces de pensar en soluciones ante los conflictos y primero calman sus emociones.

¿Qué tienen en común estas parejas? *Todas de manera consciente o inconsciente tratan de influir en sus parejas regulando sus emociones, algunas lo logran y otras no, haciendo más grave la situación inicial.* **La forma como intentamos regular las emociones del otro en la díada de pareja se denomina «corregulación emocional».**

Las mil máscaras de las emociones

Cualquier emoción se puede disfrutar y hay gente que disfruta incluso con las emociones negativas.
PAUL EKMAN

No hay amor suficiente capaz de llenar el vacío de una persona que no se ama a sí misma.

Existe un acuerdo general en la comunidad científica de identificar las emociones por su papel adaptativo. *Sin em-*

bargo, es sólo una de las muchas opciones de análisis, pues podemos asociarlas como:

- **Modelo de comunicación:** cuando emocionalmente una persona es muy conflictiva, y en todo proceso de comunicación genera pelea.

- **Un rasgo frecuente de personalidad:** Alberto es iracundo.

- **Una enfermedad psicosomática:** Pedro, se quedó afónico porque no pudo descargar la ira con su jefe.

- **Un secuestro emocional:** se presenta cuando una persona pierde el control y termina haciendo algo que en un estado de paz o tranquilidad no haría. En la pérdida del control de la ira, una persona puede en unos segundos golpear o matar a otra. En la fisiología cerebral, la amígdala pierde el control y la corteza prefrontal no puede regular o aquietar las emociones disparadas.

- **Modelo de inteligencia emocional:** la propuesta original corresponde a Peter Salovey y John Mayer, «la cual refiere a cuatro competencias relacionadas: las habilidades para percibir, usar, entender y manejar, o regular las emociones –las propias y las ajenas– de modo que nos permitan alcanzar metas. La inteligencia emocional permite a una persona aprovechar las emociones para lidiar de manera más eficaz con el medio ambiente social. Requiere tener conciencia del tipo de conducta

que es apropiado en una determinada situación social»
(Papalia y Martorell, 2017, pág. 402).

- **Un estilo y una expresión no verbal:** se ve que Julio se quedó muy enojado porque echaba fuego por los ojos.

- **Un proceso de regulación de las emociones:** Enrique tenía mucho miedo, pero a pesar de ello dio muy bien su discurso y no se le notó.

- **Un modelo polisémico de expresión:** en el *Diccionario de emociones* se describe el miedo como alarma, alerta, amedrentado, atacado, cagado, canguelo, coacción… (Punset, Bisquerra y Laymuns, 2018, pág. 151).

- **Un termómetro que sube de intensidad:** el miedo puede describirse como:
  —En intensidad baja, sumisión o susto.
  —En intensidad media, sobrecogimiento o sobresalto.
  —En intensidad alta, fobia, horror, pavor o pánico.

Sin embargo, para propósitos del presente libro se describe en su dinámica de comunicación con la pareja.

La importancia de entender la naturaleza humana

Las emociones negativas, como el temor,
la tristeza y la ira son nuestra primera línea de defensa
contra las amenazas externas,
que nos emplazan a los puestos de combate.

154

El temor es la señal de que nos acecha un peligro,
la tristeza nos anuncia que la pérdida es inminente
y la ira indica que alguien está abusando de nosotros.
Martin Seligman

Somos seres relacionales, cognoscentes y emocionales. *Son las relaciones con los demás las que definen nuestra naturaleza social.* Y en las relaciones de pareja están presentes elementos que las diferencian de otro tipo de intercambios sociales.

Existen diferentes enfoques que nos describen como humanos y únicos en la Tierra, desde el punto de vista de la filosofía, la neurociencia, la psicología y muchas ciencias más. Todas ellas hacen aportaciones distintas para identificar este aspecto. Destacan entre otras: nuestro ADN, nuestro raciocinio, nuestros aprendizajes, pero sobre todo nuestras emociones.

La naturaleza social de la pareja

Ya no seré esclavo de mi pasado emocional,
sino que viviré mi presente con emoción.

La naturaleza social de la pareja, en primer lugar, **nos hace establecer vínculos** (es un rasgo de nuestra sociabilidad), **afiliarnos** con otros para cooperar y vivir en sociedad (la afiliación es la búsqueda de una relación con los otros), **existen estrategias de atracción** (una de sus dimensiones es lo emocional, donde encontramos actitudes positivas como la simpatía, también podemos sentir aprecio, rechazo o indiferencia), **formar vínculos o apegos** (son los cuidados físicos y la seguridad emocional que se forman desde nuestra infancia

155

y que pueden ser funcionales o disfuncionales). *En este último punto, cabe destacar que, dependiendo de la calidad y el tipo de apego, ya sea funcional o disfuncional, se darán relaciones sanas o no tan sanas.*

En segundo lugar, **las relaciones sociales y los vínculos de la pareja están mediados por la socialización.** «La socialización es el proceso por el cual los individuos adquieren las habilidades, las creencias, los valores y los comportamientos sociales necesarios para funcionar de forma efectiva en la sociedad o en un determinado grupo» (APA, 2010, pág. 480). *Un enfoque interesante propone que la socialización se expresa a través de necesidades humanas que involucran a la pareja:*

- **La necesidad de inclusión:** tendencia a buscar comunicación y contacto.

- **La necesidad de control:** involucra las interacciones entre la necesidad de seguridad y la de tener un poder sobre el otro.

- **La necesidad de afecto:** son los vínculos de apego con el otro. Cabe destacar que el afecto concierne esencialmente a las relaciones entre dos personas.

Tres determinantes de la relación de pareja

En la última década, la ciencia ha descubierto el rol que las emociones juegan en nuestras vidas. Los investigadores han encontrado que incluso más que el cociente intelectual,

la conciencia emocional y las habilidades para controlar
los sentimientos determinarán nuestro éxito y felicidad
en todos los ámbitos de la vida,
incluyendo las relaciones familiares.
JOHN GOTTMAN

Existen una serie de determinantes psicosociales de la relación, desde el punto de vista de la psicología social destacan:

- **La proximidad:** la proximidad física aumenta la posibilidad de tener una relación. Antes se consideraba que debía ser sólo la proximidad física, pero hoy en día también se considera la proximidad virtual.

- **La semejanza y la complementariedad:** curiosamente un elemento hasta cierto punto lógico es que las semejanzas nos unen (la reciprocidad de intereses, de opiniones, de gustos, de formas de comunicar, de expectativas, de rasgos de personalidad...). En general, buscamos almas gemelas. Sin embargo, en lo complementario entra lo diferente e incluso lo opuesto. Esto incluye las patologías y lo conflictivo de cada uno de los miembros de la pareja.

- **El atractivo físico:** existe una parte racional e intuitiva que nos llama la atención de una pareja. La apariencia sana de una persona nos da cuenta sin ser expertos en medicina ni en genética que la pareja potencial tiene buenos genes. De estas personas con buena apariencia, en el lenguaje científico, se dice que no presentan asimetrías o fluctuaciones asimétricas. *También es este* *punto hay excepciones y existe el gusto por parejas que presentan fluctuaciones. Para cada cóncavo hay un convexo.*

Un aspecto sumamente importante es que ninguna relación social funciona en un universo neutro, sin tensiones, pues cada miembro de la pareja tiene su propia historia de vida.

Los componentes de la corregulación emocional

No olvidemos que las pequeñas emociones
son los grandes capitanes de nuestras vidas
y las obedecemos sin darnos cuenta.
Vincent Van Gogh

Para entender la corregulación emocional funcional, necesitamos analizarla como un proceso que se inicia con la interacción entre dos o más individuos, si no somos capaces de regular nuestras propias emociones, perdemos el control y no podremos autorregularnos. La mayoría de nuestros actos son inconscientes, por esta razón, corregular las emociones es el estado más alto de control y esto se hace de manera consciente, gestionando las propias emociones y entendiendo las de la pareja. **Ante una situación conflictiva, las personas que practican la corregulación emocional funcional se centran en la solución del problema y no en regular las emociones de la pareja atacándola.**

Interacción

Cualquier forma de encuentro social, en situaciones formales o informales entre dos o más individuos (Giddens y Sutton, 2014, pág. 223).

Somos seres relacionales y las relaciones con los otros son las que definen la naturaleza social de todo ser humano.

Interacción social

Es cualquier proceso que conlleva **la estimulación o respuesta entre dos o más individuos.** La interacción social comprende el desarrollo de la cooperación y la competencia, la influencia de la condición y los roles sociales y la dinámica del comportamiento, el liderazgo y la conformidad del grupo. La interacción social persistente entre determinados individuos conduce a la formación de relaciones sociales (APA, 2010, pág. 274).

La importancia de la interacción social en la pareja es que nos permite entender cómo los miembros que la forman definen y negocian la realidad. Es un hecho que la mayoría de las relaciones implican intercambios emocionales, estén o no presentes las personas y también algún tipo de acuerdo acerca del ambiente donde están involucradas, aunque la percepción en relación con lo que les sucede es captada de manera diferente, y según sus propósitos, expectativas, intereses e intenciones. En la interacción social de la pareja está también presente una relación de intercambio social en la que también se manifiestan sentimientos, emociones y conductas para bien o para mal.

Regulación emocional

La regulación emocional es un proceso que incluye las habilidades, estrategias y conductas *que cada individuo consciente o inconscientemente emite para* modular, inhibir y mejorar sus experiencias y expresiones emocionales, y que podría mejorar la cualidad de las interacciones (Gross y Thompson, 2007, págs. 3-24).

Autorregulación

En el transcurso de la vida hay muchas actividades que realizamos de manera automática sin conciencia de lo que implican. *Sin embargo, en la toma de decisiones, en las discusiones en pareja y en la inversión de pasar un largo tiempo con alguien, se necesita evaluar el costo emocional, entre otras cosas, que ello implicará empleando un gran esfuerzo psicoemocional.*

Es el control del propio comportamiento mediante el uso del automonitoreo (llevar un registro del comportamiento), la autoevaluación (evaluar la información obtenida durante la autovigilancia) y el autorreforzamiento (recompensarse por el comportamiento apropiado o por alcanzar una meta). En la terapia conductual, se hace mucho hincapié en los procesos autorregulatorios (APA, 2010, pág. 55). La autorregulación es la forma en que las personas controlan y dirigen sus propias acciones (Franzoi, 2007, pág. 65).

Los beneficios de la autorregulación fueron analizados por el psicólogo austríaco Walter Mischel a finales de los años sesenta y principios de los setenta del siglo xx. Mischel realizó un interesante estudio a lo largo del tiempo (longitudinal), llamado la prueba del bombón, en el que se mostraba la importancia del control de los impulsos para lograr el éxito académico, emocional y social. Su estudio lo realizó con niños a quienes se les ponía a prueba al retrasar la gratificación de comer un bombón (gratificación postergada) y recibir uno posteriormente. Los niños que lo lograron eran capaces de ejercer un autocontrol frente a fuertes presiones situacionales. **El experimento de Mischel demostró que las personas pueden aprender a demorar la gratificación y, si lo hacen al principio de la infancia, estarán mejor adaptadas para alcanzar más adelante mayores recompensas y lograr sus metas en la vida.**

Desregulación emocional

No existe el amor, sino las pruebas de amor,
y la prueba de amor a aquel que amamos
es dejarlo vivir libremente.

Es común escuchar el concepto de «mecha corta», en general en México se aplica a una persona o una pareja que es incapaz de controlar sus emociones. Toda la gama de emociones que experimentamos está ahí para ser sentida. **Sin embargo, cuando en una pareja uno de los miembros es incapaz de regular sus emociones, se producirán a menudo un gran conflicto y en un acto de violencia.**

La desregulación emocional se refiere a un escaso control sobre las emociones de parte de los individuos, que se relaciona con una expresión impulsiva, mostrando las emociones de manera exagerada o de forma fuera de lo esperado socialmente (psiquiatría.com, 2021).

Cuando las emociones nos controlan y somos incapaces de regularlas, estamos frente a alguien que:

- **Es impulsivo**, apenas piensa en lo que hace, sólo siente y no reflexiona sobre sus actos.

- **Se mantiene permanentemente a la defensiva.**

- **Se enoja y deprime** ante cualquier estímulo estresante.

- Le cuesta mantener las relaciones de pareja y, en general, están llenas de tensión casi todo el tiempo.

- **En lo que respecta a su salud mental, tiene problemas de control de ira**, no tiene autocontrol emocional, padece adicciones, ludopatía, cleptomanía, compras compulsivas, tricotilomanía (arrancarse las cejas, las pestañas o el cabello), sufre haciendo compras compulsivas, experimenta tics nerviosos y deja todo para mañana (procrastinación).

- ¡Y, bingo!, **es incapaz de regular su control emocional**, es incapaz de lograr una gratificación postergada.

Corregulación emocional en la pareja

Es el manejo que hace un miembro de la pareja para incrementar o disminuir la activación psicofisiológica del otro miembro, y se considera una característica importante del apego romántico adulto de tipo bidireccional (Sbarra y Hazan, 2008, págs. 141-167). La corregulación también **ha sido descrita como el proceso por el que los involucrados en una relación forman un sistema emocional diádico** que implica un patrón oscilante de activación afectiva y de amortiguación que mantiene de manera dinámica un estado emocional óptimo en ambas direcciones (Rivera, *et al.*, 2020, pág. 150).

La intimidad y la comunicación en la relación de pareja

Nos hicieron creer que cada uno de nosotros
es la mitad de una naranja,
y que la vida sólo tiene sentido cuando encontramos la otra mitad.
No nos contaron que ya nacemos enteros,
que nadie merece llevar a sus espaldas
la responsabilidad de completar lo que nos falta.
JOHN LENNON

Muchas de las historias de pareja están mediadas por los aspectos positivos alcanzados en las relaciones íntimas, las cuales son idealizadas, muchas veces irracionales, apasionadas y románticas. Éste es el caldo de cultivo de donde se desprenden la forma como se expresan los sentimientos, los afectos y las emociones. En muchas ocasiones, éstos se ven regulados por las normas culturales específicas de cada país, que permiten expresar las conductas buenas o malas relacionadas con todas las conductas producto de la interacción social de la pareja.

Es imposible que en una relación de pareja no existan diferencias y ello les lleve al conflicto.

Los primeros estudios científicos en este sentido llevados a cabo en la década de los ochenta mostraban datos interesantes sobre las parejas felices y las que no lo eran. *Gottman (1979) encontró que las parejas felices (amor, [sic]), aunque estuvieran en desacuerdo, a lo largo de la discusión, eran capaces de tener una actitud que les permitía aceptar la posición de su pareja (empatía, [sic]).* Por el contrario, los matrimonios que no eran felices manifestaban un déficit de comunicación que se expresaba por una mayor o menor imposibilidad para aceptar los mensajes de la pareja; en consecuencia, eran incapaces de emitir mensajes susceptibles de ser tenidos en cuenta por el otro; quedaban encerrados en posiciones rígidas que no permitían ningún ajuste y parecían destinados al fracaso (tristeza, [sic]).

¿Qué muestran los estudios relacionados con el buen o mal manejo de las emociones y la satisfacción marital?

> *En un sentido muy real que tenemos dos mentes,*
> *una que piensa y que siente.*
> Daniel Goleman

- **En presencia de ansiedad, la satisfacción en la pareja se ve afectada: a mayor ansiedad, menos satisfacción.** Las personas con un nivel alto de ansiedad tienden a reportar más preocupación obsesiva y dependencia emocional del otro. Los hombres en su papel de proveedores en la pareja son propensos a sentir ansiedad. La presencia de ansiedad en una relación de pareja disminuye la diversión. Las emociones cumplen una función importante en la comunicación social (aparte de su función adaptativa), así que, ante niveles altos de ansiedad, la satisfacción se verá disminuida y por lo

164

tanto dicho proceso de comunicación también descenderá (Rivera, 2020, págs. 46-47). En su lectura invertida, las personas con menos niveles de ansiedad tienen mayor satisfacción marital. La ansiedad como emoción en su función polisémica, como rasgo de personalidad o sistema de comunicación, puede presentarse en una persona como sentirse angustiada, con desasosiego, desesperada, estresada, insegura, preocupada y nerviosa.

- **Una adecuada corregulación emocional promueve evaluaciones positivas de cercanía y satisfacción en la relación de pareja.** Las parejas emplean diversas estrategias de corregulación emocional como una manera de mantener viva la relación. Generalmente, tanto los hombres como las mujeres perciben mayor satisfacción dentro de su relación cuando corregulan sus emociones a través de la comunicación constructiva y la intimidad. La primera es considerada la sustancia de la relación, pues sin ella no existiría el vínculo; la segunda facilita la interacción interpersonal y la formación del apoyo mutuo en una relación romántica (Rivera, 2020, pág. 162). No mostrarse indiferente con la pareja, ser espontáneo, compartir un tiempo, un espacio, tener contacto, practicar la empatía, centrarse en la solución de problemas y no en las emociones negativas son la clave para tener una corregulación positiva y una mayor satisfacción marital. Las estrategias de regulación emocional se relacionan fuertemente con la satisfacción marital, mientras que ser indiferente con la pareja afecta de manera negativa. Un bajo control y manejo de las emociones genera insatisfacción marital y conflictos.

Estrategias para el cambio

No dependas de nadie en este mundo,
porque hasta tu propia sombra
te abandona en la oscuridad.

- *Ante los conflictos cotidianos centrarse en su resolución, no en la expresión de emociones negativas (celos, ira, abandono, etc.) hacia el otro.*

- Mantener una actitud positiva practicando la empatía con la pareja.

- *Ante los conflictos hacerse consciente de la propia autorregulación emocional, para poder practicar la corregulación emocional funcional.*

- Capacitarse en inteligencia emocional.

- Si fallan las estrategias anteriores, consultar a un especialista de confianza.

Bibliografía

APA (2010): *Diccionario conciso de psicología.* Editorial el Manual Moderno, México.

FRANZOI, S. (2007): *Psicología social.* Mc Graw Hill, México.

GROSS, J. J. y THOMPSON, R. A. (2007): «Emotion Regulation: Conceptual Foundations», en J. J. GROSS (ed.), *Handbook of emotion regulation.* Guilford Press Nueva York.

GOTTMAN, T. M. (1979): *Experimental investigation of marital interaction.* Academic Press, Nueva York.

PAPALIA, D. & MARTORELL, G. (2017): *Desarrollo humano.* McGraw Hill, México.

Psiquiatría.com (2021): Definición de desregulación emocional, consultado el 24 de enero de 2021://psiquiatria.com/glosario/index.php?wurl=desregulacion-emocional

PUNSET, E.; BISQUERRA, R. y LAYMUNS, G. (2018): *Diccionario de emociones y fenómenos afectivos.* PalauGea, Valencia.

RIVERA, S. *et al.* (2020): *¿Por qué las parejas están insatisfechas?* Editorial Universidad Nacional Autónoma de México.

SBARRA, D. A. y HAZAN, C. (2008): «Corregulation, Dysregulation, Self-Regulation: An integrative analysis and empirical agenda for Understanding Adult Attachment, separation, Loss, and Recovery», *Personality and Social Psychology Review,* 12.

REFLEXIÓN FINAL

El apasionante mundo de la vida en pareja es todo menos aburrido. Decía Leonardo da Vinci que para entender el mundo deberíamos entender que está lleno de paradojas. Una paradoja de la pareja es que aquello que más nos atrae de ella muy seguramente será lo que en situaciones de conflicto nos traerá más problemas.

Los amantes que en principio se gustaban mucho física y emocionalmente en casos extremos son lo que terminan odiándose. El guapo se convierte en el hombre fácil que se va con una cualquiera. La mujer casta y pura termina siendo la dama aburrida como una ostra que no se permite explorar nuevas cosas en pareja. El hombre en principio hogareño termina siendo el flojo que quiere estar en su casa sin salir a trabajar. La dama sociable y risueña acaba siendo una cualquiera que se le insinúa con la sonrisa o la charla con cualquiera.

Sin embargo, curiosamente, cuando entendemos el conflicto, en cualquier ámbito de la vida, podemos acercarnos a proponer soluciones. Es diferente vivir en conflicto que en situaciones por resolver.

La singularidad en el ensamblaje de cada combinación de pareja requiere de soluciones precisas, lo que funciona con una pareja, no funciona con otra.

Aprendemos hasta el último día de nuestras vidas. Hay quien después de un desencuentro en pareja decide no intentarlo nunca más. Otros insisten en tener una pareja sin cambiar y acumulan más de siete parejas en la vida. También, en honor a la verdad, aunque son menos frecuentes, existen parejas que pasan este recorrido sin tantos sobresaltos.

No importa el tipo de pareja que seas, de las antes descritas, incluso si no apareces en esta lista, lo importante es que te permitas la posibilidad de aprender. Cuando una persona deja de aprender, es porque cree que ya lo sabe todo: dale por muerta.

Todo lo que no se hace consciente se convierte en destino, decía Jung. Finalmente, la importancia de aprender más sobre la pareja es que nos da la garantía de no volver a repetir los patrones disfuncionales que antes hemos pasado. Terminar con una relación y buscar otra para sanar las heridas sólo hace más grande el daño. Y nos lleva a vivir el mismo infierno con diferente diabl@.

ÍNDICE